아이들 삶에서 꽃이 핍니다

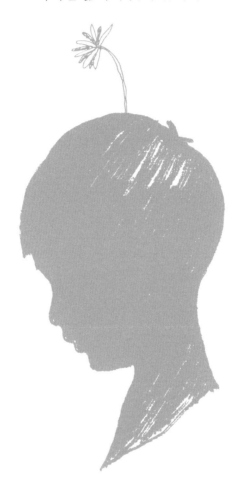

아이들 삶에서
꽃이 핍니다

아이들의 삶을 가꾸고 북돋우는
살아 있는 교육 이야기

김강수 지음

휴먼에듀

이야기를 나누며 살아가면 좋겠습니다

지금은 6학년 아이들과 지내고 있습니다.

지난해에는 3학년과 함께 지냈고, 그 전에는 1학년 아이들과 함께 살았습니다. 학교에서는 그렇게 매년 새로운 아이들을 만납니다. 첫 만남 때는 설레다가 서로를 알아 가면서 조금씩 정이 들고, 겨울이 되면 헤어집니다. 가끔은 헤어진 아이들이 보고 싶지만, 시간이 흘러가면 얼굴도 기억하지 못할 때가 많습니다. 일 년짜리 짧은 만남을 겪으며 그렇게 20년을 살아왔습니다.

수많은 아이를 만났습니다. 동무 같은 선생님이 되자고 다짐했지만, 언제나 그리 따뜻한 사람이 되어 주지는 못했지요. 갈 길 바쁜 교과서 때문이라고 생각한 적도 있고, 이리저리 몰아치는 학교 일 때문이라고도 생각했습니다. 아이들 탓을 하기도 했습니다. 남 탓을 하면 마음이 풀릴 줄 알았던 모양입니다. 나를 돌아보지 않았습니다.

어느 날인가 편지를 쓰고 싶었습니다. 따뜻한 봄날이었지요. 아이들이 돌아간 교실에 앉아 햇살을 받으며 썼습니다. 따로 할 말이 있던 것이 아니어서 그저 사는 이야기를 할 수밖에 없었습니다. 책 읽은 이야기도 쓰고, 학교 다닐 때 이야기도 쓰고, 오며 가며 만났던 사람들 이야기를 썼습니다. 우리 반 아이들 이야기를 가장 많이 했습니다.

처음에는 다 쓴 편지를 부칠까 말까 망설였습니다. 이런 편지를 누가 읽을까 생각했던 것 같습니다. 첫 편지를 보내고 나서 답장을 받았습니다. 선생님들께 보낸 편지였으니 선생님들이 답을 주셨습니다. 이런저런 살아가는 이야기가 들어 있었습니다. 그 편지를 읽으면서 다시 쓸 용기를 냈던 것 같습니다.

봄에 쓰기 시작한 편지는 더운 여름이 되어서도 끊이지 않았고, 흐린 가을 바람을 맞으며 쓰다가 눈 내리는 겨울까지 이어졌습니다. 한 해가 지나갔습니다. 그리고 또 한 해가 더 지나갈 동안 편지를 썼습니다. 그러니까 이 책은 두 해 동안 쓴 편지를 모은 것입니다. 아득한 일입니다.

살아가는 이야기를 쓰다 보니 살아온 이야기를 할 때가 많아졌습니다. 지금 우리 반 아이들 이야기를 하면서 내가 살았던 어린 시절이 떠올랐지요. 내 이야기를 하다 보면 오래전 품었던 희망이 생각나곤 했습니다. 어쩌다가 여기까지 오게 되었는지 실낱같은 이야기들이 아슬아슬 하나로 이어지곤 했습니다.

재미있는 이야기도 있었지만 쓸쓸한 이야기가 되기도 했습니다. 남 탓이라고 생각했던 것이 내 탓으로 되돌아왔지요. 돌이킬 수 없어서 안타까운 마음이 될 때도 있었습니다. 그런 날은 편지를 부치고 나서도 혼자 가만히 하늘을 쳐다보았습니다. 막막했습니다. 이제는 그만 써야겠다 마음을 먹었습니다.

마지막 편지를 부치고 나서 조금 아팠습니다. 겨울이었지요. 편지를 쓰는 일이 무거웠나 봅니다. 그걸 내려놓았더니 감기가 찾아왔습니다. 한동안 앓고 나니 편지를 써 온 일이 꿈결같이 느껴졌습니다.

6학년 담임이 되었습니다. 아이들과 벚꽃 떨어지는 나무 아래를 걷거나 스탠드에 앉아 단체 사진을 찍을 때면 가끔 생각이 나곤 했습니다. 모두 어디선가 봄날을 보내고 있겠구나 싶었지요.

편지들을 묶어서 책으로 낼 생각을 해 보았습니다. 그간 보냈던 편지를 펼쳐 하나하나 읽었습니다. 답장을 찾아서 읽기도 했습니다. 편지 속에는 이야기가 있었습니다. 온 나라에 흩어져 살아가는 선생님들, 우리 반 아이들, 부모님들, 어릴 적 동무들이 함께 살아가고 있었지요. 사람들 얼굴이 뚜렷하게 그려졌습니다.

삶은 앞으로 나아갑니다. 뒤로 돌아갈 수 없지요. 누구나 돌아가고 싶지만 그렇게 할 수 없습니다. 다만 돌아볼 뿐입니다. 돌아본 곳을 살펴보면 이야기가 남아 있습니다. 잊고 살았던 이야기도 있습니다. 기뻤던 이야기, 즐거웠던 이야기, 재미난 이야기, 또 쓸쓸한 이야기도 있습니다. 부끄러워서 그렇거나 어떻게 해야 할지 몰라서 한 번도 입 밖에 내지 않은 이야기들도 있습니다. 내가 보낸 편지 속에도, 받은 답장에도 그런 이야기가 담겨 있었습니다. 살아오면서 쌓인 이야기들입니다.

이야기를 나누며 살아가면 좋겠다는 생각을 했습니다. 책으로 묶어 놓으면 또 누군가가 살아온 이야기를 보탤 수 있겠다고 생각했지요. 나누며 살다 보면 답답한 마음도 풀어질 때가 있을 것 같았습니다.

몇 번인가 다시 읽고 잘못된 곳을 고쳤습니다. 부글부글 끓어서 거칠게 말했던 것을 다듬고, 혼자 느낌에 빠져서 내용을 알 수 없는 이야기는 빼기도 했습니다.

편지를 쓸 수 있도록 용기를 준 선생님들께 고맙다는 말씀을 드립니다. 이런 편지를 읽어 주고 용기를 주셔서 여기까지 올 수 있었습니다. 그리고 무엇보다 나와 함께 살아 준 우리 반 아이들에게 고맙습니다. 일 년짜리 짧은 만남이지만, 한결같이 지켜봐 주고 다정하게 대해 주었습니다. 그 아이들이 있어서 조금은 나은 삶을 살려고 애를 쓰게 됩니다.

이만 줄입니다.

2018년 1월 어느 날
물골안에서 김강수 아룀.

차례

1부 봄

2부 여름

4부 겨울

■ **일러두기**

1. 이 책에는 저자가 전국초등국어교과모임의 선생님들에게 2015년부터 2016년까지 쓴 편지들을 봄, 여름, 가을, 겨울 네 계절에 따라 나누고 시간의 순서대로 엮은 글들을 담았습니다.

2. 2015년의 글은 수동초등학교 1학년 아이들과 지낸 이야기이며, 2016년의 글은 같은 학교 3학년 아이들과 함께한 이야기입니다. 한 계절마다 두 해 동안의 이야기들이 함께 담겨 있습니다. 계절의 흐름에 따라 학교 안에서의 생활이 닮아 있기에 두 해의 봄, 여름, 가을, 겨울의 이야기를 때로 비교도 하며 읽어 본다면 가르침을 되돌아볼 수 있지 않을까 하는 뜻에서입니다.

3. 본문에 나오는 아이들의 이름은 바꾼 것이 많습니다. 아이 이름을 꼭 밝힐 까닭이 없기 때문이며 상처받을 수 있는 아이의 마음을 헤아리기 위함입니다.

4. 본문에 나오는 여러 모임 이름은 처음만 본래대로 표기했고 다음부터는 간단히 줄여서 표기했습니다. 전국초등국어교과모임은 국어모임, 강마을산마을배움터는 강산배움터, 이오덕김수업교육연구소는 연구소로 줄여 표기합니다.

편지를 보내기로 합니다

선생님, 잘 지내십니까?

요즘 날씨가 무척 덥습니다. 미리 여름이 온 것 같다는 생각도 듭니다. 벌써 6월이니 여름이라고 불러야 될 것 같기도 합니다. 이런 날에 선생님들은 잘 지내고 계신지 여쭙습니다.

교실에서 아이들을 가르치는 선생님들을 생각해 보았습니다. 아이들과 삶을 나누며 어떻게든 우리 교육을 바꾸려 애쓰는 선생님들을 떠올리면서 저도 무엇이든 해야겠다고 생각했습니다. 그 첫 번째 일이 이렇게 편지를 보내는 것입니다.

여러 선생님과 함께 하고 싶은 일, 나누고 싶은 교실 이야기들을 편지로 보내려 합니다. 제가 선생님들께 편지를 보내면 누구든 이야기를 하고 싶은 분이 있을 것이고, 그러면 그분의 이야기를 또 편지로 보내고 하는 사이에 서로의 답답한 마음이 좀 가시지 않을까 싶습니다.

저는 올해 새로 학교를 옮겨 경기도 남양주 물골안 마을의 수동초등학교에서 아이들을 가르치고 있습니다. 맨날 엉뚱한 소리만 하는데도 아이들이 너그럽게 봐주고 선생님이라고 아껴 줘서 나날살이가 편하고 즐겁습니다.

　학교에서 걸어갈 만한 거리의 작은 마을에 살고 있습니다. 물골안 마을에 섬말이라고 있는데, 거기서 개울을 건너가면 제가 살고 있는 헌터골이 나옵니다. 사람이 별로 없어서 조용합니다. 밤에는 아이들도 일찍 자고, 모임이 없는 날은 책을 읽거나 술을 한잔하기도 합니다.

　일주일에 하루 저녁은 '이오덕김수업교육연구소'에 나갑니다. 이오덕 선생님과 김수업 선생님의 뜻을 공부하고 이어 가자고 만든 곳입니다. 거기서 한 주는 책 읽은 이야기를 나누고, 한 주는 아이들에게 우리말 가르친 이야기나 아이들에게서 들은 낱말을 깊이 생각해 보며 이야기를 나눕니다. 여름이나 겨울에는 '강마을산마을배움터' 여는 일을 함께 합니다. 강마을산마을배움터는 강과 산이 있는 모든 마을의 선생님들이 함께 모여 배움을 열어 가는 곳입니다. 이제 곧 여름 배움터 알리는 소식을 전해 드릴 것 같습니다.

　저는 이렇게 사는데 다른 선생님들은 어디서 어떤 이야기를 만들며 살아가고 있는지 궁금합니다. 나중에 전국초등국어교과모임 누리집이 열리면 제가 살아가는 이야기, 다른 곳에 계신 선생님들 이야기도 그곳에 올려서 온 나라에 흩어진 선생님들과 함께 아이들 이야기를 나누면 좋겠습니다. 그때는 즐거운 이야기만 나누는 게 아니라 속상한 이야기, 슬픈 이야기도 함께 나누어 서로 마음을 어루만지면서 살기를 바랍니다. 누리집 만드는 일을 하는 윤승용, 박길훈, 진주형 선생님이 이제 보름만 있으면 다 완성된다고 했습니다. 그날이 기다려집니다.

얼마 전부터 《선생님, 요즘은 어떠하십니까?》라는 책을 읽기 시작해서 이제 다 읽었습니다. 이오덕 선생님과 권정생 선생님이 주고받은 편지를 엮은 책인데, 읽으면서 그때 두 분이 어떻게 사셨는지가 떠올라서 좋았습니다. 참 부지런하고 뜻이 굳은 분들이라고 생각했습니다. 서로 나누면서 살았기 때문인 것 같았습니다. 우리도 서로 나누면서 살다 보면 더 부지런해지고 뜻이 굳어지지 않을까 싶습니다.

오늘은 그 이야기 중 몇 가지 말씀을 선생님들께 전해 드리려 합니다. 권정생 선생님이 쓰신 편지 가운데 있는 말씀입니다.

인간이 고루고루 잘 살려면, 많이 벌어 남을 돕는 일이 아니라, 나 자신이 적게 가지는 길이 가장 현명한 짓이라 생각했습니다.
제가 앉아서 함께 먹는 식탁은 네 사람입니다. 한가운데 놓인 반찬을 서로 아끼면서 먹다 보면 언제나 남게 마련입니다. 그렇게 남는 반찬은 똘래라는 개가 먹습니다. 필요 이외의 것은 절대 가지지 않을 때, 헐벗고 굶주리는 사람이 없어질 것입니다.

이 글을 읽고 제가 잘못 살아왔구나 싶었습니다. 그리고 나는 그렇게 살아갈 수 있을까 생각해 보았습니다. 나는 그렇게 못 살 것만 같아서 부끄러워지기도 했습니다. 또 이런 말도 기억에 남습니다.

요즘 관계라는 것에 대해 많이 생각해 보았습니다. 이 세상에 존재하고 있는 것은 모든 것이 나와 무관하지 않다는 결론을 얻었습니다. 상대가 선할 땐 나도 선한 것이고, 상대가 악할 땐 나도 악할 수밖에 없는 것입니다. 인간 자체가 악한 것도 아니고, 그리고 선한 것도 아니라 다만 인간은 어리석다는 것뿐입니다. 지나친 지혜로움은 사악을 유발시키고, 지나치게 착한 것은 어리석음의 원인이 됩니다.

그랬구나, 싶었습니다. 그렇게 하루하루 생각하고 글을 쓰면서 사셨던가 봅니다. 그러다가 이오덕 선생님께 또 이런 편지를 씁니다.

선생님, 드리고 싶은 말 한이 없겠습니다. 다만 내가 있을 장소는 분명히 따로 있다는 것을 깨닫습니다. 어둡고 춥고, 누추하고 배고픈 곳, 그런 곳에서 그렇게 살아가는 이들이 곁에 있을 땐 외롭지 않으니까요.

책을 다 읽고 잠을 자려는데 눈덩이가 뜨거워지는 느낌이 들었습니다. 지난주에도 《빌뱅이 언덕》이라는 책을 읽고 비슷한 느낌이 들어서 잠을 이루기가 어려웠습니다.

바쁘게 살아가는 선생님들께 다급하게 할 말이 있는 것도 아니면서 긴 말을 늘어놓습니다. 쓰고 나서 그런 생각이 들어 마음이 무겁지만, 어떻게든 서로 나누는 것이 우리가 할 수 있는 작은 움직임이라 생각했습니다.

다들 힘내십시오. 이 시대는 어린이들이 가장 먼저 진리를 깨닫는다고 합니다. 어린이들 앞에 서 있기 때문에 우리는 언제나 진리를 마주하고 있습니다. 그걸 잊지 않으면 좋겠습니다.

　매일매일 쓰지는 못하겠지만, 일주일에 한두 번은 편지를 드리도록 하겠습니다. 6월입니다. 날이 더 뜨거워질 것 같습니다. 몸이 다치지 않도록 잘 돌보시기 바랍니다.

2015년 6월 4일

물골안에서 김강수 아룀.

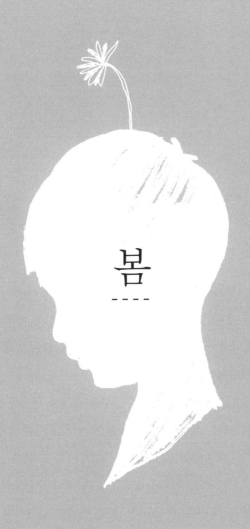

1부

봄

새학기가 시작되었습니다

"돌아오는 내내 그 아이가 떠올랐습니다.
아무도 자신을 귀하게 여겨 주지 않는데
경수가 자신을 귀하게
여길 리 없다는 생각도 들었지요."

새학기가 시작되었습니다.

저도 오늘 새학년을 맡아서 아이들에게 첫인사를 하였습니다. 3학년 아이들입니다. 스물네 명뿐이지만, 이곳 물골안에 있는 세 학교 중에서 가장 많습니다.

어제는 아이들을 만나면 어떻게 인사를 나눌까 생각해 보았습니다. 웃으면서 인사하는 게 좋을지, 마음을 모아서 진지한 표정으로 하는 게 좋을지, "안녕하세요?"라고 할지, "반갑다!"라고 할지 그런 것들입니다. 그런 생각이라도 머릿속으로 그리다 보니 두근두근 마음이 울렸습니다. 빨리 내일이 되어서 아이들을 만나고 싶어졌지요. 첫 만남이라 그런가 봅니다.

오늘 아침, 아이들을 만났습니다. 나와 함께 한 해를 살아갈 아이들입니다. 재잘재잘 떠들어대던 아이들의 말소리는 내가 교실로 들어가자마자 딱 끊어졌습니다. 모두 저를 쳐다봅니다. 한 아이가 용기를 내어 물어봅니다.

"선생님이 우리 반 선생님이에요?"

그렇다고 냉큼 대답을 해야 할지, 나중에 대답을 해야 할지 알 수가 없었습니다. 아이들이 모두 내 눈치를 살피는데 내가 담임이라고 하면 막 실망할 것 같기도 하고, 반대로 내가 담임이라고 해야 안심을 할 것 같기도 하고…. 내가 더 떨려서 그냥 대답을 미루고 인사를 먼저 했지요.

"선생님 이름은 김강수다. 그냥 김강수 선생님이라고 불러도 되고, 강수 샘이라고 불러도 된다. 이름 부르기 싫은 사람은 내 별명을 불러도 된다."

"별명이 뭔데요?"

"응, '잘생긴'이다. 그러니까 복도 지나갈 때 '잘생긴 선생님' 하고 부르면 내가 알아들을 테니까 그렇게 불러도 돼."

아이들이 그 소릴 듣더니 굳은 마음을 풀고 웃어 주었습니다. 말도 되지 않는 이야기라서 그런 것 같습니다. 아이들이 웃으니까 나도 웃으면서 이야기할 수 있었습니다. 첫 만남에서 웃을 수 있어 좋았습니다.

새학년 첫날이라 무척 바빴습니다. 아이들 자리와 사물함을 정하고, 개학식과 입학식도 했습니다. 어제 써 둔, 학부모에게 드리는 편지와 안내장들을 나눠 주고 보니 점심 먹을 시간이 되어 아이들을 보냈습니다. 그런데 나중에 생각해 보니 내 인사만 하고 아이들 인사는 듣지 못했다는 것을 알았습니다. 내일은 하루 종일 아이들 이야기를 들어 보아야겠습니다.

여기까지의 이야기는 사실 어제 쓴 편지입니다. 어제 편지를 다 써 놓고 보내려 하는데 회의 시간이 되었습니다. 곧이어 환영회가 있어서 참석했다가 마치고 집에 들어와서는 바로 잠이 들어 버렸지요. 첫날이라 정신없이 하루가 지나갔습니다. 오늘 수업이 오후까지 있어서 이제야 마무리를 해 보냅니다. 어제 이야기였는데 '오늘'이라고 해서 헷갈릴까 봐 알려 드립니다.

오늘 학교 이야기도 짧게 해 드리려 합니다. 오늘은 반 아이들 중에서 저의 비서를 뽑았습니다. 이것저것 해야 할 일이 많아서 매년 저의 비서를 뽑습니다. 비서를 뽑아 놓으면 왠지 제가 무척 중요한 일을 하는 사람이 된 것 같기도 하고, 비서를 맡은 아이와 가까이 지내게 됩니다. 그래서 비서는 며칠 두고 보면서 가까이 지내고 싶은 아이들 중에서 뽑습니다. 이번에는 하루 만에 뽑았습니다. 그 아이 때문에 제가 3학년을 맡기로 했거든요. 좋은 이야기가 아니니까 본래 이름을 말하지 않고 그냥 '경수'라고 부르겠습니다.

경수는 지난해 학교를 떠들썩하게 한 적이 몇 번 있습니다. 몰래 학교를 빠져나가는 바람에 선생님과 아이들 모두가 찾으러 나간 적도 있고, 남의 물건을 자기 것처럼 생각하는 행동도 적지 않게 했습니다. 거친 말이나 행동 때문에 동무들과 동생들의 원성이 끊이질 않았습니다. 제가 지난해 1학년을 맡았을 때도 우리 반 아이들 이름을 다 외우기 전에 그 아이 이름부터 먼저 알 정도로 유명했지요.

집에서도 제대로 보살핌을 받지 못하는 것 같았습니다. 할머니와 할아버지가 키우는데 그분들도 경수 문제라면 고개를 흔든다고 합니다. 맨날 입는 옷만 입을 때가 많고, 가까이 가면 냄새가 나곤 했습니다. 지난해는 옆 반이었는데 담임 선생님이 하도 힘들어하시길래 이렇게 말했지요.

"선생님, 그런 아이가 가장 기억에 남더라고요. 어떻게 살고 있나 가끔 궁금하기도 하고, 그런 녀석이 선생님을 잊지 않고 찾아오던데요. 지나고 보면 추억으로 남을 거예요."

한 해 동안 너무 힘들었는지 그 선생님은 경수에게 있었던 일이라면 아무것도 기억하고 싶지 않다고 했습니다. 찾아오는 것도 싫고 추억도 필요 없다고 했습니다. 오죽했으면 그러겠나 싶어서 저는 올해 학급을 선택할 때 덜컥 3학년을 맡았습니다. 그러니 경수를 비서로 뽑는 것은 당연했지요.

비서 할 아이를 뽑는다고 했더니 몇 명이 손을 들었습니다. 비서는 똑똑해야 하고 힘도 세야 하고 동작도 빨라야 한다고 했지요. 비서가 되면 선생님을 그림자같이 따라다니면서 선생님이 위험해지면 온몸을 던져 막아야 하고, 선생님이 귀찮아하는 일도 모두 해야 한다고 말했습니다. 가끔 선생님의 비밀을 알게 되더라도 끝까지 남에게 말하지 않는 의리 있는 녀석이 해야 한다고도 했습니다. 그러면서 경수가 하면 좋겠다고 했더니, 손을 들었던 아이들 입이 튀어나왔습니다.

아이들은 경수가 공부도 못하고 책임감도 없다고 했습니다. 저는 경수가 공부는 못하지만 가만히 보니 사람 마음을 잘 알아주는 것 같고 비밀도 잘 지킬 수 있을 것 같다고 말했지요. 내 이야기를 듣고 있던 경수가 마치 자신이 진짜 그렇다는 듯 고개를 끄덕였습니다.

오늘 녀석과 하루 종일 함께 보냈습니다. 손을 잡고 걸어 다녔고, 할 일이 생기면 경수부터 불렀습니다. 가까이 지내보니 냄새도 좀 덜 나는 것 같고, 일도 부지런히 하는 것 같았지요. 겨우 하루지만 아이들도 경수가 달라진 것 같다고 했습니다.

저는 경수가 달라지지 않아도 상관없다고 생각했습니다. 그저 녀석의 곁에서 누군가 이야기를 들어 주어야 하지 않나 싶었습니다. 아무도 경수를 보아주지 않고, 심지어 부모조차도 경수와 살지 않는데 얼마나 외로울까 싶었습니다.

지난 겨울 방학 때 다리를 건너가는 경수를 우연히 본 적이 있습니다. 경수는 다리 경계석 위를 아슬아슬 걸어가고 있었습니다. 떨어지면 어쩌나 걱정하면서 보았지요. 차 운전 때문에 말릴 수도 없는데, 녀석은 금세 다리를 건너더니 혼자 걸어갔습니다.

잠깐 지켜볼 뿐이었지만 돌아오는 내내 그 아이가 떠올랐습니다. 아무도 자신을 귀하게 여겨 주지 않는데 경수가 자신을 귀하게 여길 리 없다는 생각도 들었지요. 그러니까 다치든 말든 다리 난간을 걸어 다니지 싶었습니다.

경수에게 다가가 그 아이의 동무가 되어 주고 싶어졌습니다. 오늘은 그 첫날입니다. 그 녀석과 진짜 동무가 되어서 서로 비밀 이야기도 하고 싶어 하는 사이가 될지는 모르겠습니다. 이제 겨우 하루가 지났을 뿐이니까요. 그냥 그렇게 되고 싶은 마음으로 하루를 보냈습니다. 올 한 해 아이들과 함께 재미나게 살아가면 좋겠습니다.

2016년 3월 3일

덧붙이는 말

아, 선생이 아이들을 똑같이 대해야 하는데 그러지 않는다고 꾸지람하는 분이 있을 것도 같습니다. 그렇지요. 그게 맞을 겁니다. 그걸 알면서도 자꾸만 그렇게 되지 않습니다.

아버지가 돌아가시기 얼마 전에 제게 하신 말씀이 있습니다. 저녁식사를 마치고 과일을 드시며 하신 말씀이라 별 생각 없이 던진 것일 수도 있습니다. 그리고 얼마 뒤 갑자기 돌아가시는 바람에 저는 그 말씀이 아버지 유언 같다는 생각을 합니다.

"없는 아이들 더 잘 봐줘라. 엄마 없고 가난한 아이들…. 불쌍한 아이들한테 잘해야 된데이."

그때 뭐라고 대답했는지는 모르겠지만, 지금은 그 말이 아버지 유언 같아서 지키고 싶은 마음입니다. 올해 제가 담임하는 동안은 조금 불공평하겠지만, 선생님마다 조금씩 다르니까 다른 해가 되면 또 공평해지지 않을까 생각도 듭니다. 말해 놓고 보니 너무 무책임한 것도 같습니다.

25

《짜장 짬뽕 탕수육》을 읽어 주었습니다

"재미난 책이 있으면 서로 나누고 그것으로
삶을 가꾸어 갈 수 있다면 좋겠습니다.
집 앞 남새밭을 가꾸듯 작은 것이지요."

오늘은 날이 더 풀려서 나올 때 외투 대신 솜으로 된 조끼를 입었습니다. 그것만 입고 바깥에 나가도 몸이 움츠러들지 않습니다. 봄이 가까이 와서 그런 것이겠지요. 곧 손톱만 한 새싹도 돋고 꽃도 피어날 것입니다.

3월 둘째 주에는 아이들 집을 찾아다닙니다. 가정 방문입니다. 어제는 바빠서 가지 못했고, 오늘부터 일주일 동안 다니기로 했습니다. 어제 아이들과 이야기하면서 어디부터 갈지, 시간은 어떻게 할지 정했습니다. 아이들과 정하고 각자 집에 알리게 한 터라 저녁에는 부모님 몇 분이 확인 전화를 주셨습니다.

반 아이들 집을 다 돌아보려면 늘 시간이 부족합니다. 5~10분 정도

26

머물면서 아이와 이야기를 하고, 부모님과도 인사를 나눕니다. 짧은 시간이지만 아이 집에서 아이와 이야기를 하고 나면 한결 가까워집니다. 다음 날 학교에서 만나면 아이가 먼저 달려올 때가 많지요. 그럼 안아 주거나 손을 잡아 줍니다. 집에서 단둘이 이야기를 하고 나면 학교에서 아이에게 심하게 대하기가 어렵습니다. 내 생각만 할 때가 많은 저도 아이들을 헤아려 주고 싶은 마음이 생기는 것 같습니다.

지난해 편지에서 '온작품 읽기 운동'을 하자고 했습니다.(〈사는 곳마다 살아가는 이야기가 다릅니다〉 편지에서 말씀드렸습니다.) 운동이라고 하니까 무슨 큰일을 하는 것 같습니다. 운동 하면 반정부 운동, 반독재 운동, 사회주의 운동 같은 말들이 떠올라서입니다. 우리가 하자는 운동은 작고 소박합니다. 그저 책을 함께 읽자는 것입니다. 재미난 책이 있으면 서로 나누고, 그것으로 삶을 가꾸어 갈 수 있다면 좋겠습니다. 집 앞 남새밭을 가꾸듯 작은 일이지요.

지난주에 반 아이들과 읽은 책 이야기를 하려고 합니다. 김영주 선생님이 쓴 《짜장 짬뽕 탕수육》입니다. 저는 3학년을 맡으면 첫째 주에 이 책을 자주 읽어 줍니다. 이 무렵 아이들의 이야기라서 그렇습니다. 마침 지난주에 우리 반은 그 책에 나오는 동민이처럼 한 아이가 전학을 왔습니다. 다 읽어 주고 났더니 전학 온 아이의 표정이 밝아졌습니다. 누군가의 마음을 풀어 줄 수 있다면 좋은 이야기라는 생각이 들었습니다.

《짜장 짬뽕 탕수육》은 저와 인연이 깊은 책입니다. 저는 책이 나오기도 전에 줄거리를 알고 있었지요. 그 무렵 저는 김영주 선생님과 학급 운영 모임을 하고 있었습니다. 김영주 선생님은 뒤풀이만 가면 아이들 이야기를 많이 했습니다.《짜장 짬뽕 탕수육》이야기도 어느 뒤풀이 자리에서 들었던 것 같습니다. 동화를 쓰신다길래 이렇게 저렇게 하면 좋겠다고 말을 했던 것 같기도 하고, 그런 인연이 닿은 책입니다.

얼마 뒤 책이 나왔습니다. 늘 가던 맥줏집 둥근 탁자에 앉아서 선물로 그 책을 받았습니다. 작가가 사인한 책은 처음 받았지요. 집으로 돌아가는 내내 신기했습니다. 잠자기 전 이불 속에 들어가 읽어 보았습니다. 평소 동화는 억지스럽다고 생각했는데, 이런 동화도 있다는 걸 그날 처음 알았습니다.

나중에 알았는데 김영주 선생님은 술자리에서 나눈 아이들 이야기를 동화로 쓸 때가 많습니다. 저도 아이들 이야기하는 것을 좋아해서 맞장구를 치고, 우리 반 아이 이야기를 보태기도 했습니다. 학교에서는 아이들 이야기를 할 때가 드문데, 김영주 선생님을 만나면 교실 이야기를 할 수 있어서 반가웠습니다. 그렇게 이야기를 나누고 나서 한참 지나면, 김영주 선생님은 사인한 동화책을 한 권씩 주곤 했습니다. 지금은 우리 집 아이가 재미있게 읽고 있습니다.

지난주《짜장 짬뽕 탕수육》을 읽어 주기 전에 김영주 선생님께 전화를 걸었습니다. 스피커폰으로 해 두고 우리 반 아이들과 이야기를 나누게 하려 했는데, 선생님이 전화를 받지 않았습니다. 스마트폰이 생기고부터는 아는 작가의 책을 읽어 줄 때면 가끔 전화 연결을 해 줍니다. 그러면 아이들도 좋아하고 글 쓰는 분들도 좋아하는 것 같습니다. 지난해에는 김영주 선생님이 아이들과의 전화 통화 중 〈후다닥 기차〉 읽고 나면 기차를 만들어 보라고 했지요. 아이들과 종이 상자로 후다닥 기차를 만들어서 온 동네를 돌아다닌 것도 김영주 선생님 말씀 때문이었습니다.

3월 첫째 주라서 아이들이 책을 가져오지 않았습니다. 저 혼자서 책을 읽고 아이들은 가만히 듣기만 했습니다. 한 장면이 지나고 나면 그림을 보여 주며 아이들과 이야기를 나눴습니다. 세 장 정도 넘어가니까 아이들은 거기 나오는 큰덩치가 미워지나 봅니다. 괄괄한 우리 반 비서는 가만두지 않겠다며 욕을 합니다. 심한 욕이어서 깜짝 놀랐습니다.

다시 가만히 읽어 줍니다. 읽다 보면 제가 가장 좋아하는 구절이 나옵니다. 덜덜덜 떨리는 불안한 마음을 팽이가 죽을 때 같다고 빗댄 구절입니다. 진짜 그 마음과 같다는 생각이 들었습니다.

화장실에서 종민이가 짜장 짬뽕 탕수육을 외치는 장면이 나옵니다. 우리 반 아이들은 그게 뭐야? 하는 표정입니다. 종민이가 두 번이나 외치니까 아이들도, 책 속의 아이들도 종민이 마음을 알아주었습니다. 다 읽고 나서 아이들은 큰덩치가 "나도 짜장이 좋아."라고 말하는 장면이 가장 재미있다고 합니다. 그때 아이들 마음이 풀어져서 그런 것 같았습니다.

책 맨 뒷장에 종민이네 장미반점에서 아이들이 짜장면 먹는 장면이 파스텔로 그려져 있습니다. 아이들에게 뭐가 가장 맛있냐고 물었더니 대부분 짜장면이 좋다고 합니다. 그러다가 그런 건 승혜한테 물어봐야 한다며 아이들이 이구동성 목소리를 높입니다. 학교 앞 수동반점 주인이 승혜 아빠라고 했습니다. 진짜냐고, 그럼 선생님도 초대해 줄 수 있냐고 물었더니 가만히 고개를 끄덕였습니다. 어쩌면 공짜 짜장면을 먹을 수 있을 것 같습니다.

공책을 한 권씩 나눠 주면서 좋아하는 인물을 그리고 어떤 말이 기억에 남았는지 써 보라고 했습니다. 그림을 못 그리겠다고 하길래 그럼 글로 써 보라고 했지요. 다 쓰고 나서 한 편씩 읽어 주었는데, 많은 아이가 '누리'가 좋다고 했습니다. 친절해서 좋다고 말했지요. 아이들 말을 듣다 보니 저도 동민이나 큰덩치보다 누리가 좋아졌습니다. 아이들에게 누리처럼 다정한 말을 해 주어야 할 것 같습니다. 아이들에게도 누리처럼 서로 다정하게 말해 주자고 했습니다.

공부 시간이 끝나고 화장실에 간 아이들이 짜장 짬뽕 탕수육 놀이를 합니다. 저도 거기 끼어서 오줌을 눕니다. 짜장 자리입니다. 큰덩치처럼 저도 짜장이 좋은 것 같습니다.

2016년 3월 8일

울렁울렁 봄이 왔습니다

"아이들 손잡고
한 바퀴 돌고 오면 좋을 것 같습니다.
봄은 교실 속에 있는 것이 아니라
바깥에 있다는 생각이 들었습니다."

울렁울렁 봄이 왔습니다. 지난 주말에 이삿짐을 나르던 중 집 앞 산수유가 노랗게 핀 것을 보았습니다. 곧 벚꽃도 필 것 같아서 4월에는 아이들과 벚꽃을 보러 갈 계획도 세웠습니다. 벚나무 아래서 수건 돌리기나 보물찾기를 하다 보면 아이들과 더 친해질 수 있을 것 같습니다.

선생님들에게 3월은 무척 힘든 시간이라고 합니다. 저에게도 그랬습니다. 집에서는 이사 준비를 하느라 바빴고, 학기 초부터 다니던 가정 방문도 아직 끝나지 않았습니다. 어제 한 집을 갔으니 이제 세 집 남았습니다. 다들 부모님이 저녁 늦게 들어오신다고 해서 미뤄 두었는데, 이번 주에는 마저 가 봐야 하겠습니다.

지난주에는 일주일 내내 출장을 내고 반 아이들 집을 돌아다녔습니다. 어떤 집에 가면 재미난 이야기를 들어서 좋았지만, 어떤 집을 가면 쓸쓸한 마음이 들기도 했습니다. 어제도 그랬습니다. 동무들이 자꾸 그 아이가 싫다고 해서 무슨 곡절이 있겠거니 했던 아이입니다. 그냥 '예솔'이라고 부르겠습니다.

예솔이는 모자를 쓰고 다닐 때가 많았습니다. 모자를 벗기려 하면 도망쳐서 그냥 놔뒀지요. 가끔 제 앞에 와서는 뜬금없이 춤을 추기도 했습니다. 조금 어린 아이겠거니 했지요. 제게 와서는 재미난 이야기도 많이 하는데 동무들하고만 있으면 꼭 다투거나 눈물을 흘리곤 했습니다. 동무들은 예솔이가 나쁘게 말하고 욕을 한다고 했습니다.

어제 예솔이 집에 갔더니 할머니도 계시고, 아빠도 계셨습니다. 아빠와 이야기를 하려는데 할머니께서 끼어드시더니 예솔이는 딸이나 마찬가지라며 한참 이야기를 하셨습니다. 아주 어렸을 때부터 품고 키웠다는 이야기도 듣고, 엄마와 두 번이나 헤어져서 이제는 엄마를 만나려 하지 않는다는 이야기도 들었습니다. 화가 나거나 뜻대로 되지 않으면 머리카락을 자꾸 뽑아서 머리 한가운데가 갈수록 넓어지고 상처가 생긴다고 했습니다. 저도 얼핏 보고는 뭔가 피부병이 있구나 싶었는데, 예솔이가 뽑아서 그런 것은 알아채지 못했습니다.

저는 할머니가 말씀하실 때마다 너무 걱정 마시라고 하거나 예솔이 칭찬을 하면서 맞장구를 쳐 주었습니다. 아이가 커서 어른이 되면 아빠가 고생한 것, 할머니가 애쓴 것을 다 알아줄 것이라 했지요. 손녀딸 잘 봐 달라고 말씀하실 때는 다른 아이들보다 백배는 더 잘해 주겠다고 했습니다. 한참 이야기를 나누고 집으로 오려는데 개를 잡았다면서 싸 주시는 걸 말리느라 애를 먹었습니다. 고작 학교 선생이 뭐라고 제가 돌아갈 때는 길까지 걸어 나와서 잘 가시라고 인사를 해 주셨습니다.

차를 타고 오는데 속이 울렁거렸습니다. 아이가 무슨 잘못이 있나 싶었지요. 모두 어른들이 잘못해서 그런 것인데 키우지 않을 아이는 왜 낳나, 하는 하나 마나 한 생각을 했습니다. 머리카락 한 올씩 뽑을 때마다 예솔이가 무슨 생각을 했을까, 따끔따끔 아파하며 누구를 원망했을까 싶어서 한없이 쓸쓸해졌습니다.

오늘 아침, 아이들에게 예솔이네 다녀온 이야기를 했습니다. 예솔이 춤추는 것이 보기 싫다고 한 아이들에게 누구든 하고 싶은 것을 맘껏 할 수 있다고 말해 주었지요. 저는 보기 좋다고, 예솔이가 나중에 춤 잘 추는 가수가 될지도 모르니까 미리 사인을 받아 놓을 거라고 했습니다.

예솔이는 내 말을 듣더니 고개를 끄덕이면서 나와 눈을 맞추었습니다. 예솔이가 나를 믿어 주면 좋겠다고, 힘들거나 속상한 일이 있으면 머리카락을 뽑지 말고 나에게 와서 살짝 이야기를 해 주면 좋겠다고 생각했습니다.

오늘은 이오덕김수업교육연구소(앞으로는 '연구소'로 줄여 말합니다.) 모임이 있는 날입니다. 3주 만에 나가는 터라 첫 모임처럼 설렙니다. 나가면 술 한잔하면서 학교 이야기도 하고 아이들 이야기도 하려고 합니다. 올해 초 만들어 두었던 학급 문집도 가져가서 나눠 드리고,

온작품 읽기는 다들 어떻게 하고 있는지 이야기를 나누다 보면 밤이 깊어지겠지요. 그렇게 또 훌훌 털고 봄날을 보낼 수 있을 것입니다.

지난번 편지를 보내고 나서 몇 분 선생님께서 가정 방문은 어떻게 하는지, 온작품 읽기 목록을 줄 수 있는지 물어보셨습니다. 부모님들께 편지와 책 제목이 있는 종이를 보내 드렸는데, 생각해 보니 그런 것들을 나누면 좋겠다는 생각이 들었습니다. 오늘 전국초등국어교과모임(앞으로는 '국어모임'으로 줄여 말합니다.) 누리집 학년 자료실에 편지와 책 제목을 올렸습니다. 혹시 필요하신 분들은 찾아서 읽어 보시기 바랍니다.

지난주에는 아이들과 나들이를 나갔습니다. 학교 뒤편 길로 가다가 작은 도서관을 지나 학교 옆 교회로 해서 돌아왔지요. 우리 반 아이들이 지나가는 걸 보더니 지난해 학부모 한 분이 요구르트를 사 주셔서 아이들과 나눠 먹었습니다. 달고 시원했습니다.

이곳 물골안은 이제 바깥나들이를 다녀도 될 만큼 따뜻해졌습니다. 온 나라에 흩어진 선생님들 마을도 그렇겠지요. 아이들 손잡고 한 바퀴 돌고 오면 좋을 것 같습니다. 봄은 교실 속에 있는 것이 아니라 바깥에 있다는 생각이 들었습니다.

2016년 3월 22일

아이들을 집에 불러 하룻밤 재웁니다

"아이들을 데려와 하룻밤
같이 자곤 했던 것은 초임 때부터입니다.
자꾸 아이들이 선생님 집에
놀러 가고 싶다고 하더군요."

지난주 오려고 했던 봄날은 주말을 지나면서 올 둥 말 둥 머뭇거립니다. 아이들이 집에 가고 나면 교실이 춥습니다. 저도 어느샌가 감기에 걸리고, 우리 반도 감기 때문에 결석을 하는 아이들이 생겨났습니다. 산골 마을이라 봄이 더딘가 봅니다.

학교 오가는 길 곳곳에 두엄 더미가 쌓여 있습니다. 올해 농사 채비를 할 때라서 그렇습니다. 해마다 이맘때면 아이들을 집에 불러다가 하룻밤 재우며 맛난 것도 먹고 이야기도 나눴는데, 올해는 아직 말을 꺼내지 못했습니다. 이사는 했지만 집을 다 치우지 못해서 그렇습니다. 그러거나 말거나 너무 늦어지지 않게 아이들을 부르려 합니다. 마침 제 아이와 같은 3학년이라 집에서는 얼른 데려오라고 보챕니다.

아이들을 데려와 하룻밤 같이 자곤 했던 것은 초임 때부터입니다. 자꾸 아이들이 선생님 집에 놀러 가고 싶다고 하더군요. 반지하에다 방 한 칸 부엌 한 칸인 집이었습니다. 어쩌다가 몇몇 아이가 우리 집에 놀러 왔는데 다른 아이들이 서운할까 봐 초대를 했습니다. 같이 발령받고 전교조 사무실에서 만난 선생님이 아이들을 집에 불러서 재우길래 이듬해부터는 저도 아이들을 불러서 하룻밤씩 재웠습니다.

저녁도 같이 먹고, 놀이터도 가고, 씻겨서 치킨도 시켜 먹었습니다. 밤에는 귀신 이야기를 해 달라고 졸라서 아주 무서운 이야기를 해 주었습니다. 아이들은 끝까지 듣지 못하고 무서워서 잠이 들었지요. 예전에는 한 반에 40명이 넘을 때도 있어서 아이들이 모두 왔다 가는 데 꼬박 한 달이 걸렸습니다.

집 옆에 감자탕집이 있어서 아이들 저녁을 먹이곤 했는데, 식당 주인이 제게 뭐 하시는 분이냐고 묻더군요. 주말마다 아이들을 데려와서 저녁을 먹이니까 궁금했던 모양입니다. 학교 선생이라고 하니까 그 다음부터는 사이다 큰 병을 공짜로 주었습니다.

돌아보니 많은 일이 있었습니다. 1학년 아이인데 똥을 싸는 바람에 애를 먹기도 했고, 놀이터에서 같이 놀다가 다치기도 했지요. 결혼을 하고 나서 아이를 가졌을 때는 더는 못 할 줄 알았습니다. 다행히 애 엄마가 잘 헤아려 주어서 그럭저럭 또 10년을 더 이어 갈 수 있었습니다. 언젠가부터는 아이 엄마도 자기 반 아이들을 우리 집에 데려오기 시작했습니다. 그래서 우리 집은 4월이 많이 바쁩니다.

제 아이가 어렸을 때는 형이랑 누나들이 와서 놀아 주니까 참 좋아했지요. 며칠 전에는 제 아이가 "아빠, 다른 학교 선생님도 애들을 자기 집에 불러?" 하고 묻길래 송천분교 선생님들이 많이 그러는 것 같다고 대답해 주었습니다. 그러고 보니 어느샌가 여기 물골안 사시는 선생님들이 아이들을 집에 데려와 하룻밤 재우고 있었습니다.

사람을 초대하거나 대접하는 일을 잘하지 못해서 해마다 4월이 되면 이 일을 어떻게 하나 걱정이 되었습니다. 그런데 이곳 물골안으로 들어오고 나서는 아이들이 적어 그냥저냥 힘들이지 않고 부를 수 있었습니다.

도시에 있을 때는 백화점 식당에서 먹이거나 동네 식당에서 밥을 먹였는데, 물골안에 와서는 제가 직접 해 주고 있습니다. 처음에는 숯불에 고기를 구워 주었습니다. 그러다가 힘에 부쳐서 소시지 많이 넣은 부대찌개를 해 밥을 말아 주었습니다. 자주 하다 보니 아이들 사이에 입소문이 나서 김강수 선생님 부대찌개가 맛있다며 한 번 더 먹고 싶다는 이야기가 더러 들렸습니다. 제가 손맛이 좀 있나 봅니다.

오늘은 집에 새로 맞춘 좌변기가 고장 나서 고쳤습니다. 주말에 현관 타일 떨어진 것 붙이고, 지하실 문도 새로 달고, 계단 난간도 해 놓고 나야 아이들을 부를 수 있을 것 같습니다. 그런데 그런 것들을 다 하다 보면 4월이 훌쩍 넘어갈 듯합니다. 다음 주가 상담이니까 다 마치고 나서 그 다음 주에 불러야겠습니다. 이번에는 이사 때문에 그냥 저녁만 같이 먹고 보낼까 했는데, 그러면 학교 아이들뿐 아니라 저도 서운하고 우리 집 아이들도 서운할 것 같습니다. 같이 먹고 자다 보면 더 정이 드는데 말입니다.

내친 김에 4월에는 주말마다 가까운 사람들에게 놀러 오라고 하면 좋을 것 같습니다. 그때는 집 앞에 꽃들도 피고, 냇가에 물 흘러가는 소리도 더 세게 들릴 것 같습니다. 선생님들도 오다가다 들르면 좋겠는데, 혼자 사는 집이 아니라서 오라고 하지를 못하겠습니다. 그래도 혹시 지나가다 연락이 되면 차 한잔 따라 드리고 싶습니다.

이번 주가 지나면 4월입니다. 우리 학교는 4월 1일이 학교 생일이라 하루 더 쉽니다. 하루 더 쉰다고 생각하니까 막 기분이 좋아집니다. 어디 가까운 곳에 꽃이 피었으면 나들이 가면 좋겠습니다.

선생님들도 기운 내서 꽃 나들이 한번 가시기를 바랍니다.

2016년 3월 29일

덧붙이는 말

어제는 전교조 분회장 회의가 있어서 전교조 사무실에 나가 보았습니다. 학기 초라 바빠서 그런지 많이 오시지는 않았습니다. 거기서 처음 사람들을 만나고 가르치는 일에 대해 이야기를 나누었는데, 그때의 사람들이 다들 떠나서 쓸쓸했습니다. 또 어딘가에서 사람들과 어울리며 살아가고 있겠지 생각을 했습니다. 그렇게 살아가다 보면 다시 만나기도 하고 그럴 것 같습니다. 그러면 반가울 것 같습니다.

달걀을 삶아 주었습니다

"다른 아이들에게 눈총받을 짓을 할까 싶어 쳐다보고,
욕을 하거나 신경질을 부리면 어쩌나 쳐다봅니다.
자꾸 쳐다보니까 눈이 마주칠 때가 많은데,
그때는 웃어 줍니다."

지난 일요일에는 하루 종일 비가 왔습니다. 그날 추워서 보일러를
켜 두고 있었는데, 그게 봄을 부르는 비였나 봅니다.

이번 주부터는 햇볕이 따뜻해서 기분이 좋습니다. 쉬는 시간에 나
갔다 들어온 아이들 몸에서도 땀이 줄줄 흐릅니다. 아이들이 집으로
돌아가면 여전히 춥게 느껴지지만, 그럴 때면 바깥에 피어나는 꽃들
을 보며 몸을 녹입니다. 지금 있는 교실은 3층이라 학교 건너편 새하
얀 목련꽃도, 담벼락 개나리꽃도 또렷이 볼 수 있습니다. 한참 보고
있으면 진짜 봄인가 싶어 교실에서 혼자 봄노래도 불러 봅니다. 4월이
되니 조금 여유가 생겼나 봅니다.

선생님의 4월은 어떠신지요? 3월에 못다 한 일들을 마저 한다고 바

쁘게 살고 있는 건 아닌지, 아이들과 손잡고 봄나들이는 나가 보셨는지 궁금합니다. 우리 동네 물골안에도 이번 주 들어 하루가 다르게 봄이 달려옵니다. 냉이는 벌써 길쭉하게 꽃을 피웠고, 밭둑 옆으로 연둣빛 돌나물과 쑥이 지천입니다. 그러고 보니 쑥을 뜯어다가 전이나 부쳐 먹으면 맛있을 것 같습니다.

지난주까지만 해도 쌀쌀했습니다. 뭔가 따뜻한 것을 먹으면 좋겠다 싶어서 달걀을 삶아 나눠 먹었습니다. 마침 지난주에 아이들과 함께 김선미 선생님이 쓴 《달걀 한 개》를 읽었거든요. 반 아이 아버지 한 분이 달걀 대리점을 하시는데, 삶아 먹으면 가장 맛있다는 대란을 한 판 보내 주셨습니다. 집에서 사다 먹는 것보다 조금 작았는데, 그래서 더 맛이 있었습니다. 아이들도 여태 먹었던 삶은 달걀 중에 가장 맛있다고 합니다.

이번 주는 김옥 선생님이 쓴 《축구 생각》을 읽으려고 합니다. 축구는 우리 반 남자아이들이 좋아하는 운동입니다. 쉬는 시간마다 축구하러 나갑니다. 3학년인데도 태클을 걸고, 가끔 6학년과 붙어서 이기기도 합니다.

책을 읽고 나서 뭘 하면 좋겠냐고 했더니 축구 한 판 하자고 합니다. 한 명도 빠지지 않고 다 읽으면 그러자고 했습니다. 그러면 우리 반 경수도 책을 읽을 것 같습니다.

3월에 쓴 편지에 답을 주신 몇 분이 경수 소식을 물었습니다. 제 감정에 푹 빠져서 쓴 편지였습니다. 썼던 편지를 다시 읽어 보았는데, 3월부터 쓸쓸한 이야기를 써 보내면 어쩌자는 건가 싶었습니다. 죄송합니다.

경수는 잘 지내고 있습니다. 그 사이 몇 번인가 아이들과 치고받으며 싸움을 벌이기도 했고, 욕을 해서 야단을 맞기도 했습니다. 아이들 말로는 비서가 되고 나서 착해졌다는데, 경수 때문에 힘든 아이들이 있을까 봐 늘 마음을 졸입니다. 어떨 때는 내가 옆에 있어도 욕이 튀어나옵니다. 그럴 만한 일이 아닌데 습관이 되어 버린 것 같아서 안타까웠습니다.

경수는 저와 함께 다닙니다. 나들이를 나갈 때도, 밥 먹으러 갈 때도 제 옆에 붙어서 갑니다. 지난번에는 경수가 밥을 먹다가 선생님이 좋다고 말했습니다. 그래 얼마나 좋으냐 물었더니, 우주만큼 좋다고 합니다. 저도 경수가 좋아져서 후식으로 나온 것을 경수 식판에 옮겨 주었지요. 경수도 맛난 것을 저에게 주었습니다. 수업이 모두 끝나고 제가 혼자 있으면 불쑥 찾아와서 사탕도 주고 가고, 오늘 아침에는 풍선 껌을 두 개나 주었습니다. 지난 주말에는 할머니 낡은 휴대전화를 자기 전화로 개통했다며 몇 통이나 전화를 했습니다.

그런데도 저는 경수에게 야단을 칠 때가 많습니다. 동무들과 다툼이 일어날 것 같아서 경수를 몇 번이나 불러 보지만, 아이는 못 본 척할 때가 있습니다. 소리소리 질러도 쉬는 시간에는 미꾸라지처럼 빠져나가곤 합니다. 다른 아이들이 보고 있어서 더 화난 목소리로 불러 야단을 칩니다. 그러면 경수는 내 얼굴을 보지 않고 딴 곳을 봅니다. 서운한가 봅니다. 나도 마음이 좋지 않아서 따로 불러서는 미안하다고 말해 줄 때가 있습니다. 가만가만 말로 해야 하는데 소리를 질러서 미안합니다.

참, 경수가 요즘 일기를 다 써 옵니다. 정확히 말하면 써 오는 건 아니고, 학교에서 다른 아이들이 일기장을 내고 있으면 그 사이 저도 한 줄 씁니다. 일기를 써 오는 아이에게는 제가 멸치를 고추장에 찍어 주는데, 경수도 그게 먹고 싶은가 봅니다. 학기 초에 아이들에게 "나는 남의 비밀 이야기 훔쳐보는 걸 좋아하는데, 일기장에 비밀 이야기 써 오면 멸치 줄게."라고 말했거든요. 경수가 일기를 써 오면 저는 고추장을 듬뿍 찍어 줍니다. 맵다고 하면서도 맛있다고 잘 먹습니다. 벌써 한 통을 다 먹어서 오늘 새로 한 통을 담아 왔습니다.

아이들과 지내면 참 좋습니다. 선생님이라고 좋아해 주기 때문입니다. 오늘부터 살 빼기 운동을 하겠다고 쉬는 시간에 운동장을 돌았는데, 지훈이와 정욱이가 옆에 와서는 함께 걸어 주었습니다. 지훈이가 생일 이야기도 해 주고, 정욱이가 집에서 있었던 일을 이야기해 주어서 외롭지 않았습니다.

운동장을 도는데 바로 옆에서 경수가 축구를 하다가 넘어져 있었습니다. 가만히 놔두면 다툼이 벌어질 것 같아서 얼른 가서 괜찮냐고 물어 주었습니다. 다정하게 말해 주었더니 금세 일어나서 저쪽으로 뛰어갔습니다. 경수가 씩씩하게 뛰어가니까 절로 기분이 좋아졌습니다.

눈치채셨겠지만, 저는 경수를 자주 쳐다봅니다. 다른 아이들에게 눈총받을 짓을 할까 싶어 쳐다보고, 욕을 하거나 신경질을 부리면 어쩌나 싶어 쳐다봅니다. 자꾸 쳐다보니까 눈이 마주칠 때가 많은데, 그때는 웃어 줍니다. 경수도 웃습니다.

경수가 올해 웃는 날이 많으면 좋겠다, 그런 생각을 해 봅니다. 그러면 제 마음이 조금은 편해질 것 같습니다.

2016년 4월 5일

덧붙이는 말

요즘 무위당 장일순 선생에 관한 책을 읽고 있습니다. 이 책에서 나는 나 혼자인 것이 아니라 모든 생명과 하나가 될 때 제자리를 찾을 수 있다고 했습니다. 진보라는 것에 대해서는 다시 봐야 한다고 했습니다. "무릇 생명이라는 것은 앞으로 이어져 나감으로써 진보하는 것이 아니라 옆으로 퍼져 나감으로써 지속되고 확장되니, 진보함으로써 확장하는 것이 아니라 확장함으로써 진보하는 것이다." 하고 말입니다.

이 글을 읽으며 우리 교육에 대해서 생각을 해 보았습니다. 누군가 앞장서는 것이 아니라, 누군가 더 깊어지는 것이 아니라, 온 나라에 흩어져 살아가고 있는 선생님들과 함께 손잡고 한걸음을 걸어가야 할 것 같았습니다. 힘겹더라도 그게 생명의 진보라는 생각이 들었습니다.

아이들이 손가락질하면서 막 웃습니다

"학교에서 하루 종일 아이들과 지내는 것도 좋지만,
아이들이 돌아간 빈 교실도 참 좋습니다.
아이들이 밝게 웃으며 집으로
돌아갔기 때문에 좋은 것 같습니다."

지난주에는 목련이 뾰족하게 올라오길래 꽃을 그리러 학교 마당에 나갔습니다. 아이들은 연필을 들고 나가서 꽃도 그리고 학교 뜰도 그렸지요. 저도 나간 김에 도화지에 목련을 그렸습니다.

하루 만에 다 그릴 수가 없어서 다음 날도 연필을 들고 나갔는데, 뾰족하던 목련꽃이 그새 드문드문 입을 벌리고 있었습니다. 어제는 또 물감칠을 하려고 나갔는데, 꽃잎을 드리운 나무 위가 온통 하얗더군요. 다음 주가 되면 하나둘 지기 시작할 것 같습니다. 목련꽃 두꺼운 이파리가 뚝뚝 떨어지면 봄날이 더 깊어질 것입니다.

오늘 아침에 학교에 왔더니 아이들이 우루루 몰려나와서 제게 먹을 것을 주었습니다. 윤서는 초콜릿 한 조각을 떼어서 주고, 지아는 껌을 하나 꺼내 주었습니다. 초콜릿은 껍질이 없어서 냉큼 받아먹고, 껌은 주머니에 넣어 두었다가 중간 놀이 시간에 먹었습니다.

과학 공부하러 갔던 아이들이 돌아와서는 내 입에 있는 게 뭐냐고 묻습니다. 지아가 준 껌이라고 했더니 자기도 달라고 합니다. "껌 먹고 싶니?" 하고 물었더니 아이들이 입을 모아 "예" 그럽니다. 제가 "이 껌 진짜 맛있다~" 하고 장난스럽게 말하고는 껌 먹고 싶으면 공판장 가서 사 먹으라고 했더니 아이들이 막 화를 냅니다.

아이들이 화를 내니까 저는 더 재미가 붙어서 껌으로 풍선을 만들어 막 붑니다. 아이들이 더 화를 냅니다.

유진이와 연우가 껌 달라고 자꾸 보채서 "그럼 이것 먹을래?" 하고는 입에 든 껌을 손가락으로 꺼내 주었습니다. 아이들이 더럽다면서 도망을 칩니다.

아이들은 멀찍이 서서 나를 째려보고, 저는 그게 또 재미있어서 풍선껌을 막 부는데, 그만 너무 세게 불다가 바닥에 떨어지고 말았습니다. 아이들이 그걸 보더니 손가락질하면서 막 웃습니다. 고소해 죽겠는가 봅니다. 얼마나 해맑게 웃는지 모릅니다.

저는 "에이!" 하고는, "교무실에 가서 선생님들이랑 맛있는 것 먹어야겠다." 하며 교무실로 갔지요.

아이들이 우우 교무실로 따라옵니다. 저 따라서 교무실에 들어오려고 하길래, "선생님들만 교무실에서 먹는 거야. 애들은 교무실 들어오면 퇴학당한다." 했더니 소리를 지르면서 운동장으로 놀러 나갑니다. 놀러 나가는 아이들이 참 귀엽습니다.

저는 아이들과 장난치는 것을 좋아합니다. 아이들이 뭐라고 말하면 이상하게도 장난을 치고 싶어집니다. 제가 장난을 치면 아이들이 제 속으로 더 다가오는 것 같아서 그것도 참 좋습니다.

어제는 매일 아침마다 《우리말 우리글》 책 읽기를 하는 동규가 조그만 초코빵 상자를 하나 가져왔습니다. "엄마가 아이들하고 선생님하고 나눠 먹으래요." 하길래, "동규야, 이것 아이들 주지 말고 선생님하고 너하고 나눠 먹자." 했지요.

동규가 안 된다고 했는데 저는 그냥 가지고 와서 제 책상 위에 올려놓았습니다. 나중에 한둘씩 아이들이 들어오면서 그게 뭐냐고 묻습니다. 좀 있다 이야기해 줄 테니 참으라고 했지요. 아이들이 다 들어왔길래 이게 뭔지 이야기해 준다고 말을 꺼냈습니다. 아이들은 귀를 쫑긋 세웁니다.

"이건 초코빵인데, 동규 어머니가 아이들 나눠 주지 말고 선생님만 혼자 먹으라고 보낸 거야."

아이들이 제 말을 듣고는 소리를 지릅니다. 동규더러 들은 대로 이야기해 보라 합니다. 어떻게 말해야 할지 모르겠는지 동규가 머뭇거리길래 제가 꼬드기면서 말했지요.

"동규야, 너도 두 개 줄 테니까 사실대로 말해. 이것 엄마가 선생님만 먹으라고 했지?"

동규가 못 참겠는지 사실을 말했습니다. 엄마가 아이들 나눠 주라고 했다고 말이지요. 아이들이 와! 소리를 지르며 좋아합니다. 선생님은 돼지라며 놀리기도 합니다. 아이들이 좋아하니까 저도 덩달아 기분이 좋아집니다.

어제 지훈이가 일기장에 터닝메카드 메가를 샀다고 썼습니다. 그래서 제가 그 밑에다가 나도 그것 갖고 싶었는데 한번 구경만 하자고 썼지요. 어제 점심때 살 빼기 걷기 운동을 하는데 지훈이가 옆에 오길래 물었습니다.

"지훈아, 메가 그것 나온 지 얼마 되지도 않았는데 어떻게 샀어? 그거 만 팔천오백 원이나 하잖아."

"선생님, 그거 이제 만 팔천사백 원 해요."

지훈이가 말을 끝내는가 싶더니, 내일 가져와서 살짝 보여 준다고 했습니다. 그러면서 내가 못 미더운지 빼앗아 가면 안 된다고 다짐을 받습니다. 아이들 장난감이나 새로 산 물건을 보면 나도 달라면서 빼앗아 간 적이 있는데, 그걸 지훈이가 봤나 봅니다.

오늘 학교에 오자마자 지훈이도 다른 아이들과 함께 달려 나와서는 제 옆을 맴돌았습니다. 조금 뒤 제가 혼자 있으니까 지훈이가 자기 자리로 데려가더니 터닝메카드 메가를 보여 주었습니다. 저는 카드를 달라고 해서 변신을 시켜 봅니다. 진짜 신기하다면서 부러워 죽겠다는 표정을 지어 주었더니 지훈이가 불안한 표정을 짓습니다. 그러면서 자꾸 다시 가져가려고 합니다. 선생님이 빼앗아 갈까 봐 걱정이 되나 봅니다. 지훈이에게 돌려주면서 말했지요.

"야, 너 남는 터닝메카드 있으면 하나만 줘. 그러면 너만 특별히 멸치 하나 줄게."

지훈이가 조금 생각하는 눈치로 자리에 갔습니다. 내일이면 지훈이가 터닝메카드를 가져올지도 모르겠습니다. 지훈이는 터닝메카드가 스무 개도 넘게 있다고 했으니 한 개쯤 선생님에게 주어도 좋을 것 같습니다.

오후가 되어서 아이들이 모두 돌아갔습니다. 창밖을 보니까 아침보다 날이 더 좋습니다. 학교에서 하루 종일 아이들과 지내는 것도 좋지만, 아이들이 돌아간 빈 교실도 참 좋습니다. 아이들이 밝게 웃으며 집으로 돌아갔기 때문에 좋은 것 같습니다. 누군가 화가 나서 가거나 울면서 갔다면 마음이 편치 못했을 것입니다.

모레는 반 아이들과 소풍을 갑니다. 대성리에 벚꽃 구경 가는데, 날을 잘 잡은 것 같습니다. 모레쯤이면 바람이 조금만 불어도 꽃잎들이 휘날릴 것 같습니다.

2016년 4월 12일

생각할수록 참 쓸쓸한 일입니다

"'언니, 오빠는 죽어 있는데 우리는 웃고 떠들어도 되나
궁금하기도 해.' 나한테 하는 말 같아서 미안했습니다.
사람은 누구나 세상을 뜨겠지만,
그렇게 보내기엔 너무 어린 나이였습니다."

어제는 제가 사는 물골안에 바람이 많았습니다. 하늘은 뿌옇게 흐
리고 태풍 같은 바람을 타고 황사가 몰려왔습니다. 며칠 전 토요일에
도 비바람이 몰아쳤는데 하늘도 슬프고 안타까웠나 봅니다.

그날 저는 서울 종로에 갔더랬습니다. 국어모임 회의가 있었거든
요. 회의를 마치고 나서는 바로 옆에서 하는 추모 집회로 가 보았습니
다. 비가 많이 와서 우산을 사서 쓰고 갔지요. 비가 주룩주룩 내리고
우산 때문에 무대 앞이 잘 보이지 않았습니다. 윤승용 선생님이 차라
리 길 건너편에서 지켜보자고 해서 그렇게 했습니다. 멀리서 가만히
노래를 듣고 있다가 집으로 돌아왔습니다.

집에 왔더니 아이가 쓴 편지글이라면서 애 엄마가 보여 주었습니

다. 혼자 놀다가 썼다는데, 거기에 이런 글이 있었습니다.

언니, 오빠는 죽어 있는데 우리는 웃고 떠들어도 되나 궁금하기도 해.

나한테 하는 말 같아서 미안했습니다. 사람은 누구나 세상을 뜨겠지만, 그렇게 보내기엔 너무 어린 나이였습니다. 슬픈 일들은 빨리 잊어야 새롭게 살아갈 수 있는데, 그러지 못하는 그 부모님들이 생각나서 그것도 안타까웠습니다. 생각할수록 참 쓸쓸한 일입니다.

어제 주말을 보내고 학교에 오니 아이들이 반갑게 맞아 줍니다. 경수와 장우는 아침부터 운동장에서 공을 차며 놉니다. 내가 학교에 들어가니 손을 흔듭니다. 저도 손을 흔들며 웃어 줍니다. 노는 아이들을 보고 있으면 기분이 좋아집니다.

수학 공부를 하는데 경수가 아무것도 하지 않고 놀기만 합니다. 요요 장난감을 꺼내서는 바닥에 굴리며 놉니다. 다른 아이들 공부하는데 방해가 될 것 같아서 "경수야~" 하고 불렀지만, 힐끗 볼 뿐 들은 척도 안 합니다. 공부가 하기 싫었나 봅니다.

바닥에 앉아 있는 경수의 손목을 잡아끄니까 내 자리로 따라 나옵니다. 뭐가 마음에 들지 않는지 입도 삐죽입니다. 공부 안 하면 나중에 4학년 되어서 힘들다고 말해 주었지요. 다른 아이들 다 공부하는데 아기처럼 장난감 가지고 놀면 어쩌냐고 했습니다. 경수가 눈도 안 맞추길래, "아기들은 공부 시간에 장난감 가지고 놀아도 꾸짖지 않는데, 널 아기처럼 대해 줄까? 아니면 이럴 때 다른 아이들처럼 공부하라고 꾸짖을까?" 하고 물었습니다.

제 말을 들은 경수가 한참 생각하더니 다른 아이들하고 똑같이 대하라고 합니다. 저는 옳다구나 싶어서 막 야단을 칩니다. 갑작스레 돌변해서 소리를 지르는 선생님을 보더니 경수가 주르르 눈물을 흘립니다.

아이들을 집에 보내고 나서 혼자 생각해 보니 제가 참 한심합니다. 애를 그렇게 해서 집에 보내면 어떡하냐 싶었지요. 공부하기 싫으면 그 마음도 알아줘야 하는데, 기껏 한다는 것이 소리나 지르고 말입니다. 경수보다 제가 더 어린 것 같습니다. 오후에 경수에게 전화를 했는데 받지 않았습니다. 미안한 마음이 커졌습니다.

오늘 아침 학교에 오는데 경수와 장우가 운동장에서 공을 차고 있습니다. 미안해서 먼저 부르지 않았는데 경수가 선생님, 하고 부르면서 손을 흔들어 줍니다. 환하게 웃고 있습니다. 웃는 경수 얼굴을 보니까 저절로 힘이 났습니다.

그렇게 소리 지르고 웃고, 때로 미안했다가 힘이 났다가 하면서 살아가고 있습니다. 살아간다는 것은 그렇고 그런 것이겠지요. 어쨌든 그렇게 살아가야지 희망을 이야기할 수 있습니다. 내일은 더 많이 웃겠지, 내일은 사과할 수 있겠지 하면서 말입니다. 희망 없이 죽어 버린 이들이 생각나서 쓸쓸해졌습니다.

2016년 4월 19일

무엇이든 처음은 새롭습니다

"선생님이 되어 처음 아이들을 만났을 때는
들뜨고 설레는 마음이었지요.
그런데 첫 흰머리는 새롭지가 않습니다.
자꾸 뒤를 돌아보게 됩니다."

며칠 황사가 불더니 해가 높아졌습니다.

운동장에서 놀다 온 아이들에게서 더운 김이 납니다. 반소매 옷을 입은 아이도 늘고, 이제는 여름이 되어 가나 봅니다. 학교 마당의 은행나무도 조그마한 연둣빛 잎으로 뒤덮였습니다. 문득 돌아보면 시간은 정말 빠르게 흘러갑니다.

어제는 밥을 먹으면서 나이 이야기를 했습니다.

"우리 엄마, 아빠는 일찍 결혼해서 마흔한 살이야."

예솔이가 말하니까 장우가 자기 엄마도 빨리 결혼해서 서른 몇 살이라고 합니다. 그러다가 장우가 제 나이를 물어봅니다.

"선생님, 선생님은 우리 아빠 형이지요?"

"너희 아빠 나이가 어떻게 되는데?"

"마흔네 살이에요."

"야, 선생님 나이는 스물다섯이야. 너희 아빠가 훨씬 형님이네."

장우의 질문에 천연덕스레 말했더니 옆에서 밥 먹던 아이들이 야단입니다. 거짓말 말라면서 그럼 어떻게 선생님이 되었냐고 아우성입니다.

공부를 잘해서 3학년 때 시험 쳐서 6학년으로 월반했다고 했지요. 아이들이 긴가민가하길래 옆에서 밥 먹고 있던 영어 선생님께 확인을 받습니다.

"선생님, 예전에는 시험 쳐서 학년 올라가고 그랬지요?"

영어 선생님이 그렇다고 하니까 좀 조용해집니다. 똘똘한 유진이가 그럼 어떻게 결혼해서 여울이를 낳았냐고 막 따집니다. 대학을 일찍 들어가서 연애를 하는 바람에 그렇게 되었다고, 너희는 연애 같은 건 하지 말라고 일러 줍니다. 연애할 때는 막 착한 척하다가 결혼하면 본심이 나오니 절대로 연애하지 말라고 진심이 담긴 뻥을 치고 있는데, 승혜가 갑자기 큰 소리로 말합니다.

"선생님, 흰머리 났다!"

처음에는 거짓말인 줄 알았지요. 저는 흰머리가 난 적이 한 번도 없거든요. 괜히 나이 이야기 때문에 뻥을 치는 줄 알았습니다.

진짜냐고 한번 뽑아 보라고 했더니, 승혜가 뽑다가 힘들다면서 그만둡니다. 저는 우쭐해져서 아닐 거라고 스물다섯 살이 어떻게 흰머리가 나냐고 하면서 교실로 돌아왔습니다.

밥을 다 먹고 교실로 올라온 아이들이 제 자리로 몰려와서는 흰머리를 뽑아 준다고 난리를 칩니다. 그러더니 손이 매운 호정이가 한 가닥을 뽑았습니다. 진짜 흰머리입니다. 뽑을 때의 느낌도 생생한 걸 보니 내 머리카락이 맞습니다.

"벌써 흰머리가 나다니 이럴 수가… 이제 내 청춘을 끝났네." 하면서 거짓 눈물을 흘렸지요. 애들은 막 비웃습니다. 처음에는 거짓 눈물이었는데 자꾸 울다 보니까 진짜 서러운 겁니다. 흰머리가 나다니요. 아직 마음은 청춘인데, 이럴 수가 없는데 말입니다.

거짓 눈물을 흘리다가 진짜 눈물이 찔끔 나왔습니다. 휴지로 살짝 닦고 나서 혼자 복도로 나왔습니다. 쓸쓸한 마음이 들었습니다. 문득 돌아보니 시간이 정말 빠르게 흘러가고 있었던 것입니다.

교무실 가서도 흰머리 이야기를 하고, 집에 가서도 흰머리 이야기를 했습니다. 교감 선생님은 벌써부터 흰머리가 났냐고 하고, 애 엄마도 몇 년 전부터 조금씩 난다고 위로 비슷한 말을 했지만, 좋은 마음이 되지 않았습니다. 지난주에 사흘 동안 우리 반 아이들이 놀러 와서는 잠을 못 자게 괴롭혀서 그런가 싶기도 하고, 술을 자주 마셔서인 것도 같고, 집 짓는다고 마음을 졸여서 그런가도 싶고 하여간 온갖 생각이 다 났습니다. 어제는 그래서 밤늦게 혼자 맥주를 홀짝거리다가 잠이 들었습니다.

무엇이든 처음은 새롭습니다. 첫사랑은 두근거리면서 쓸쓸했던 것 같고, 선생님이 되어 처음 아이들을 만났을 때는 들뜨고 설레는 마음이었지요. 첫아이를 낳았을 때 분만실에서 가위로 탯줄을 자르면서도 여태 느껴 보지 못한 새로운 기분이었습니다. 그런데 첫 흰머리는 새롭지가 않습니다. 자꾸 뒤를 돌아보게 됩니다.

살아온 날들 중에서 부끄러웠던 일도 떠오르고, 아팠던 일도 떠오릅니다. 보고 싶은 사람도 생각납니다. 그러고 보니 아버지 제사가 며칠 남지 않았습니다. 아버지가 돌아가시고 나서 얼마나 서러웠는지도 생각났습니다.

아이들이 뽑아 준 흰머리 한 올 때문에 되돌아본 것들입니다. 아이들은 내 마음을 아는지 모르는지 아침부터 놀기 바쁩니다. 더운 김을 막 뿜어냅니다. 저 아이들과 살아가다 보면 또 한 올 한 올 흰머리가 돋아날 것 같습니다. 그런 날을 그려 보니, 그것도 썩 나쁠 것 같지는 않습니다.

아버지가 제게 그랬던 것처럼 흰머리 한 올 뽑을 때마다 사탕 하나씩 줄까 싶기도 합니다. 아버지는 한 올에 1원씩 쳐주었습니다. 열 가닥을 뽑으면 10원이라서 뭘 사 먹을 수가 있었지요. 잊고 있었는데 그때 생각이 납니다.

아침마다 아이들이 우 달려들어서 밤새 자라난 흰머리를 뽑는 걸 생각하니 웃음이 나옵니다. 그러면 학교가 더 재미있을 것 같습니다.

2016년 4월 26일

그리운 것들이 쌓여 갑니다

"살아간다는 것은 그리운 것들이 쌓이는 게
아닐까 싶습니다. 돌아가지 못하고
그저 그림으로 그려 보는 것입니다.
그림으로 그리니까 그리움입니다."

어젯밤부터 비가 내립니다. 바람도 휘날립니다.

운동장 끄트머리에 있는 키 큰 나무들이 바람 따라 흔들흔들 춤을 춥니다. 이런 날은 우산 쓰고 운동장에 나가 보면 재미있을 것 같습니다. 비 고인 곳도 건너뛰어 보고, 우산에 떨어지는 빗소리를 가만히 듣고 있으면 서늘한 느낌 때문에 소름이 돋을 것 같습니다.

아침에 학교에 왔더니 아이들이 복도를 내달립니다. 운동장에 나가지 못해서 갑갑한 것 같습니다. 가만히 놔두면 복도가 시장판이 될 것 같아서 교실로 들어오라 합니다. 늘 뛰어놀기 바빴지만 오늘 같은 날은 가만히 비를 느끼는 것도 좋을 것 같습니다. 비 오는 날 읽는 시가 있습니다. 돌아가신 임길택 선생님의 시입니다.

비 오는 날

임길택

마루 끝에 서서
한 손 기둥을 잡고
떨어지는 처마 물에
손을 내밀었다.

한 방울 두 방울
처마 물이 떨어질 때마다
톡 탁 톡 탁
손바닥에서 퍼져 나갔다.

물방울들 무게
온몸으로 전해졌다.

손바닥 안이
간지러웠다.

임길택 선생님 시를 읽고 있으면 아이처럼 마음이 편안해집니다. 흰 머리가 나는 나이인데도 마음은 어릴 적으로 돌아가는 것 같습니다.

방학이어서 시골 외가댁에 갔던가 봅니다. 오늘처럼 비가 오는데 동네 골목에는 아이들이 하나도 없습니다. 할머니도 마실 나가셨는지 보이지 않고, 마루에 혼자 앉아 비를 쳐다보고 있었지요. 그러다가 시에 나오는 아이처럼 기둥을 잡고 처마 물을 손바닥으로 받았습니다. 툭툭 떨어지는 비를 한참 동안 받고 서 있었습니다.

그때 느낌을 잊고 살았는데 임길택 선생님 시를 읽고 나서 되살아났습니다. '그런 적이 있었구나.' 하고 말입니다. 임길택 선생님의 시는 짧고 깨끗합니다. 말 그대로 그냥 시입니다. 그래서 느낌이 셉니다.

아이들에게도 그 느낌을 주고 싶었습니다. 간혹 비 오는 날이면 칠판에 써 줍니다. 때로는 분필로 그림도 그립니다. 내가 기억하고 있는 우리 외할머니 댁입니다. 석면 슬레이트 지붕을 타고 툭툭 비가 떨어지는 그림입니다. 그림을 그리고 나면 그때가 그리워집니다.

아이들도 저처럼 어른이 되겠지요. 먹고사는 일에 바빠서 비가 와도 느끼지 못할 수 있습니다. 그러다 문득 이 시가 떠오를지도 모릅니다. 그러면 덩달아 나와 함께 살았던 삶도 생각날 것 같습니다. 우산 쓰고 운동장 산책을 하던 일, 구령대에 서서 가만히 듣던 빗소리, 손바닥으로 툭툭 떨어지던 비의 무게 같은 것들 말입니다.

마음을 그릴 수 있다면 아이들도 지금 저처럼 그리워질 것입니다. 살아간다는 것은 그리운 것들이 쌓이는 게 아닐까 싶습니다. 돌아가지 못하고 그저 그림으로 그려 보는 것입니다. 그림으로 그리니까 그리움입니다. 생생하게 안을 수 없어서 안타깝지만, 그릴 수 있는 것들이 있어서 좋습니다.

2016년 5월 3일

한심한 선생입니다

"우리 반에는 나보다 더
선생님 같은 아이가 많습니다.
나이가 많고 배운 것이 많다고
선생님을 하는 건 아닌가 봅니다."

영미의 손

임길택

서리 온 아침
당번을 하던
영미

걸레를 빠느라
붉어진 손이
그토록 조그마한 줄을
나는 미처 몰랐다.

지난주에 임길택 선생님의 시를 보내 드렸습니다. 보내고 나서 생각해 보니 임길택 선생님 시 중에서 제가 가장 좋아하는 시가 남았다는 것을 알았습니다. 계절에 맞지 않지만 그 시도 보내 드리고 싶었습니다. 〈영미의 손〉입니다.

이 시를 처음 읽었을 때 몹시 부끄러웠던 기억이 납니다. 벌써 15년도 넘은 이야기입니다. 학교에서 아이들을 가르치며 저는 한 번도 영미의 손이 '그토록 조그마한 줄을' 알지 못했습니다. 어떻게 그런 것도 보지 못하면서 아이들을 가르쳤는지 부끄러웠습니다.

저는 그 조그마한 영미(들)에게 함부로 대할 때가 많았습니다. 걸핏하면 빨리 서두르라고 하거나 해낼 수 없는 일을 부탁하기도 했습니다. 그러면 아이들은 '걸레를 빠느라 붉어진 손'을 한 채 어려운 일들을 해냈습니다. 저는 아이의 손을 한 번도 제대로 보지 못한 채 일 년을 보냅니다.

참 한심한 노릇입니다. 〈영미의 손〉을 읽으면서 제가 한심한 선생이라는 것을 깨달았습니다. 그때 깨달았지만 오래가지는 않았습니다. 저는 크게 달라지지 않았지요. 내내 아이들에게 소리를 지르거나 지지 않으려고 아이들과 기 싸움을 했습니다. 내 말을 하느라 아이들 이야기에 귀 기울이지 못했습니다. 내가 가르치는 교과나 지식이 중요할 뿐, 아이들의 어려움은 알아주기 싫었습니다. 그렇게 살다가 아이들이 쓴 시를 읽습니다.

언젠가 학년 말이 되어 선생님에 대해 써 보라고 했습니다. 아이들은 "선생님이 밉다."고도 썼고, 무섭다고도 했습니다. "우리보고는 조용히 하라고 하고 / 선생님 혼자 실컷 말한다.”라고 쓰기도 하고, “암만 봐도 잘생긴 곳은 / 없는 것 같은데 / 선생님의 잘난 척이 싫었다.” 하고 쏘아붙입니다. 부끄럽고 아픈 말들입니다.

그래도 많은 아이가 선생님이 좋다고 써 주었습니다. 고맙다고 해 주었지요. “어디가 고마운데?” 하고 물어보면, 지난번에 우유 까 줘서 고맙다고 하고, 추운 겨울에 놀고 들어왔을 때 온풍기 앞에 가라고 해서 고맙다고 했습니다.

조그마한 손을 가졌지만 아이들 마음은 넓고 넓습니다. 저는 넓은 아이들과 지내면서 그게 얼마나 좋은 것인 줄 모른 채 살아갑니다.

오늘 아침에 서진이가 살며시 와서는 경수가 놀렸다고 했습니다. 혀를 날름거리다가 바보라고 했답니다. 저도 살며시 경수를 불러서 그랬냐고 물었습니다. 경수는 내 눈을 피하면서 이리저리 돌아다닙니다. 좋게 타이르려는데 들으려고도 않습니다. 화가 나서 그만 소리를 질렀습니다. 경수가 물기 어린 눈으로 저를 쳐다보았습니다.

아침마다 제 자리에 과자나 사탕을 놓아두는 아이입니다. 선생님이 세상에서 가장 좋다고, 우리 아빠면 좋겠다고 말해 준 아이지요. 아이들이 떠난 교실에 와서는 심심하지 않냐고 물어봐 주기도 했습니다. 경수가 어떻게 살고 있는지 잘 알면서 저는 소리를 질렀습니다.

미안해져서 경수를 꼭 안아 주었습니다. 경수가 주르르 눈물을 흘립니다. 아침부터 경수를 울리고 말았지요. 저는 크게 달라지지 않았습니다. ‘다정하게 말해 주었더라면…’ 하면서 후회합니다. 후회하면서 살아가고 있습니다.

동수 이야기를 하려고 합니다. 본래 이름은 동수가 아니지요. 어쨌건 동수도 영미처럼 손이 작습니다. 동수는 글자를 읽을 줄 모릅니다. 받침 없는 홀소리를 띄엄띄엄 읽습니다.

학기 초에 동수에게 글자 공부를 시키겠다고 《우리말 우리글》을 샀습니다. 매일 한 쪽씩 읽어 나가다 보면 1학기 말 즈음에는 글자를 다 읽을 수 있게 된다고 용기를 주었습니다. 동수 어머니에게 한 쪽씩 연습을 시켜 달라고 했지요.

어머니께서는 바쁘셔서 동수와 글 읽을 시간이 부족한 듯싶었습니다. 한동안 저는 아침 시간에 한 줄씩 읽어 주고 따라하게 했습니다. 아이들이 모두 오고 이야기 나누는 시간에 동수는 그날 아침 배운 것을 큰 소리로 읽었습니다. 동수가 책을 읽을 때면 다른 아이들도 조용히 기다려 주었습니다. 동수가 책을 읽으니 다들 좋아했습니다.

그러다가 그만 시들해졌습니다. 제가 바빠졌나 봅니다. 동수에게 가르쳐 주지도 않고 그냥 읽어 보라고 할 때가 많았습니다. 동수는 머뭇거리다가 다음 날 하겠다고 합니다. 그런 날이 많았습니다. 동수가 안됐던지 아침에 장우가 가르쳐 줄 때도 있고 지아가 가르쳐 줄 때도 있었는데, 요즘은 유진이가 도맡아 가르칩니다.

아침에 학교에 오면 유진이가 한 줄을 읽고 동수가 따라서 읽습니다. 그래서 오늘도 동수가 가뿐하게 한 쪽을 읽을 수 있었습니다. 동수가 다 읽고 나자 제가 유진이에게 말해 주었습니다.

"유진아, 1학년 때 선생님도 못 가르쳤고, 2학년 때 선생님도 못 가르쳤어. 선생님도 하다가 바빠져서 못 할 때가 많았는데, 유진이 네가 한다. 네가 동수한데 진짜 선생님 같다. 부탁할게."

유진이가 제 말을 듣더니 고개를 끄덕입니다. 가정 방문 갔을 때 선생님이 되고 싶다고 해서 제가 수제자로 삼은 아이입니다. 선생님처럼 다른 아이도 잘 돌봐 주고, 저처럼 소리를 지르지도 않습니다. 가만가만 타이릅니다. 아이들도 저보다 유진이를 더 좋아하는 것 같습니다. 그러고 보니 우리 반에는 나보다 더 선생님 같은 아이가 많습니다. 나이가 많고 배운 것이 많다고 선생님을 하는 건 아닌가 봅니다. 유진이와 동수한테서 내가 살아갈 길을 배웁니다.

오늘도 비가 옵니다. 오늘 오는 비는 조용하고 차분합니다. 이런 날에는 가만히 책을 읽으면 좋겠습니다.

2016년 5월 10일

덧붙이는 말

다음 주에는 스승의 날이 있습니다. 다른 기념일들은 잔치 같은 느낌인데 스승의 날은 왠지 어색합니다. 좋은 곳으로 놀러 가기도 그렇고 맛난 음식을 먹기도 그렇습니다. 아무래도 제가 선생이라서 그런 모양입니다.

이럴 때 저에게도 찾아뵐 선생님이 있으면 좋겠다는 생각이 듭니다. 저에게도 고마운 선생님이 있지만 한 번도 찾아뵙지 못하고 마음으로 그리워할 뿐입니다.

이웃 중학교에서 아이들이 찾아올 것 같습니다. 짜장면 사 달라고 할 텐데, 우리 반 승혜네 집에 가서 좀 팔아 줘야 할 것 같습니다.

스승의 날 미리 축하드립니다. 저에게는 희망을 보여 준 선생님들이 스승입니다. 지금껏 걸어왔던 것처럼 앞으로도 묵묵히 가시기 바랍니다. 그 뒤를 따라서 저도 가겠습니다.

사이에 가려고 하지 않았습니다

"학교가 섬처럼 따로 떨어져 있습니다.
저는 그 '사이'에 가려고 하지 않았습니다.
손을 내밀지 않았습니다.
내 것을 내려놓지 않았습니다. 그랬습니다."

　지난주에 연구소에 나갔습니다. 온작품 읽기를 하고 나서 저마다 글을 써 두었는데, 거칠고 읽기 힘들어서 고치는 일을 했습니다. 저도 가만히 앉아서 다른 선생님이 쓴 글을 읽었습니다. 글 안에 그분이 살아가는 이야기가 있어서 빠져들었습니다. 두 시간이 훌쩍 지나갔지요.

　비가 오니까 뒤풀이를 하자 해서 연구소 근처 맥줏집으로 갔습니다. 처음에는 두 병만 나눠 먹고 돌아오려고 했는데 이야기가 길어졌습니다. 마을 모임 이야기를 꺼낸 분이 있었기 때문입니다. 김영주 선생님입니다.

　요즘 김영주 선생님은 마을학교교사모임을 준비하고 있습니다. 선생님들이 마을에 뿌리내리지 못하면 아이들 삶을 담을 수 없을 것 같다고 말했지요. 학교에서 마을의 땅, 강, 산, 사람들을 나누면서 살고 싶다 했습니다. 그런 모임이 마을마다 있어야 우리가 하려는 온교육이 제대로 될 수 있다고 했지요. 교과서에 있는 쪼개 놓은 지식이 아니라, 온것짜리 교육을 해야 한다고 하면서 말입니다. 저도 그러면 좋겠다고 했습니다.

그랬더니 물골안에 그런 선생님이 많은데 왜 모여서 이야기를 나누지 않느냐고 물었습니다. 국어모임이나 연구소 일도 힘겨운 터라 그렇게 물어볼 줄은 몰랐습니다. 저에게 강마을산마을배움터(앞으로는 '강산배움터'로 줄여 말합니다.)를 처음 열 때의 일을 잊었냐고도 물었습니다.

그런데 아… 잊고 있었던가 봅니다.

국어모임 회장을 맡고 나서 마을 사람들이나 선생님들과 나누는 일을 제대로 하지 못했던 것 같습니다. 온 나라 선생님들만 보았지, 온 나라에 흩어진 한 분 한 분 선생님은 잊고 있었습니다. 하나하나가 모여서 온 나라가 되는 것도 까맣게 잊고 살았습니다.

강산배움터를 만들 때였습니다. 우리 남양주 마을의 선생님들이 모여서 이야기꽃을 피우면 좋겠다 싶었습니다. 그렇게 이야기꽃을 피우는 사람들이 마을마다 생겨나면 우리 교육이 제대로 갈 수 있다고 생각했지요. 그런 마음으로 여름과 겨울마다 연수를 열었습니다. 벌써 여섯 해가 넘었습니다.

연수는 커져서 이제 온 나라 선생님들이 다 모입니다. 한번 모이면 몇 백 명이나 됩니다. 저는 그 몇 백 명의 선생님들만 보았지 한 분 한 분 따로 떼어서 생각하는 것을 잊었던 것 같습니다. 김영주 선생님이 그런 것을 이야기한 듯싶었습니다. 잊고 있으니 일깨워 주고 싶었던 것 같습니다.

일주일 살면서 왜 그렇게 되었나 생각이 깊어졌습니다. 저는 편지를 쓰면서 자꾸만 옆에 있는 선생님들에게 손을 내미는 모임이 되자고 했습니다. 손을 내밀기 위해 출판 운동도 벌이자고 하고, 온작품 읽기 운동도 하자 했습니다. 그렇게 말만 하고 저는 그러지 않았습니다. 옆에 있는 선생님들께 손을 내밀지 않았습니다. 우리 물골안에서 이야기꽃을 피우지도 못했지요.

왜 그런가 생각을 하다 보니 제 것을 내려놓지 않았다는 점을 알았습니다. 제가 가진 것을 내려놓아야 했던 것입니다. 다른 이들이 관심 둔 것들을 먼저 물어야 했지요. 그것부터 이야기하자 그랬으면 모일 수 있었겠지요.

모이지 않으니 자꾸 교실에 갇힙니다. 교실 이야기만 하고 있습니다. 교실과 교실이 모여서 학교가 되고, 학교가 퍼져 나가야 마을이 되고 나라가 됩니다. 교실과 온 나라가 따로 떨어져 있지 않으니 그것들이 어떻게 만날 수 있는지 살펴야 했습니다.

지난주에 선생님들께 편지를 쓰면서 선생님들이 걸어가는 길을 따라가겠다고 했습니다. 그런데 저는 말만 했던 것 같습니다. 수원에 사는 진현 선생님은 여러 선생님과 손잡고 마을 도서관을 만들었다고 했습니다. 충북에서도 새 모임이 생기고 군포에서도 새롭게 모임을 한다고 들었는데, 제가 사는 물골안에는 모임이 없습니다. 학교 안에

간혀 있습니다. 학교가 섬처럼 따로 떨어져 있습니다. 정현종 시인이 그랬습니다. 섬과 섬에는 '사이'가 있다고요. 그 사이에 가고 싶다 했지요.

저는 그 사이에 가려고 하지 않았습니다. 손을 내밀지 않았습니다. 내 것을 내려놓지 않았습니다. 그랬습니다.

이번 주 금요일에 두물머리 양평에서 첫 번째 마을 모임을 한다고 들었습니다. 몇 명 되지 않지만 김영주 선생님은 기분이 좋은가 봅니다. 아주 젊은 선생님도 온다고 자랑을 합니다. 저도 그 자리에 한번 나가 보려고 합니다. 사람들이 만나서 나누는 자리라면 가 봐야 할 것 같습니다.

2016년 5월 17일

덧붙이는 말

김수업 선생님께 편지를 드렸습니다. 강산배움터 연수에 모시려고 부탁드렸습니다. 김수업 선생님은 가끔 국어모임 연수에 오십니다. 국어모임 연수에 처음 오셨을 때부터 10년이 넘었으니 오래되었습니다. 그 사이 김수업 선생님 나이도 높아지셨습니다. 오서서는 늘 우리 역사와 말의 역사를 이야기해 주셨습니다. 그랬는데 이번에는 다른 이야기를 부탁드렸습니다. 낱말 이야기입니다.

우리말연구소에 있을 때입니다. 선생님도 저도 하는 일이 바빠서 연구소에는 컴퓨터 자판 소리만 들리곤 했는데, 가끔 선생님이 저를 불렀습니다.

"김 선생님, '기쁘다'와 '즐겁다'가 어떻게 다른지 아시나요?"

어떤 날은 코가 깨지려면 자빠져야 하는지 엎어져야 하는지 묻기도 했습니다. 저는 우물쭈물 답을 하지 못했습니다.

선생님 이야기를 듣고서야 아! 깨달았습니다. 선생님께서 그렇게 묻는 것이 좋았습니다. 그저 낱말일 뿐인데 깊은 이야기를 나누는 것 같았습니다. 우리말 속에서 사람들의 삶을 볼 때가 많았습니다.

아이들과 공부를 할 때, 저는 가끔 김수업 선생님처럼 묻곤 합니다. 그러면 아이들이 말이 많아지고 생각이 깊어집니다. 아이들도 저처럼 아! 깨닫습니다.

그런 이야기를 많이 하다 보면 말을 가벼이 보지 않을 것 같습니다. 말한 대로 살고 살아온 대로 말할 수 있을 것 같습니다.

어른들은 치사합니다

"도무지 믿을 수 없는 사람들이
저 같은 어른들입니다.
힘이 있다고, 목소리가 크다고
자기 마음대로 합니다. 치사합니다."

오늘은 5월의 막날입니다. 아침부터 날이 덥습니다. 학교에서도 에어컨을 청소한다고 합니다. 여름 채비를 합니다. 이런 날은 운동장 등나무 아래서 공부하면 시원할 것 같습니다.

제가 사는 물골안은 산골입니다. 낮에는 찌는 듯 덥다가도 밤이 되면 싸늘한 바람이 붑니다. 초저녁부터 모기가 있지만 해가 지고 나면 찬바람 때문에 모기가 덤비지 않습니다.

어제도 그랬습니다. 아이들을 씻기고 나서 국수를 삶아 먹고, 빨래를 널고 설거지도 했습니다. 시간이 남아서 아이와 장기도 한 판 두었습니다. 9시가 되어서 아이들더러 자라고 하고, 아내와 함께 마당으로 나왔습니다.

마당에 의자를 내고 앉아서 책을 읽었습니다. 마당에 전깃불이 없어서 마루 불빛에 비춰 가며 읽었습니다. 연하게 비치는 불빛도 좋고 목덜미를 지나가는 밤바람도 좋았습니다. 깡통 맥주도 한잔 마셨습니다.

윗집에서 노랫소리가 들렸습니다. 집을 짓기 전에 제가 살던 곳입니다. 거기에 같은 학교 박길훈 선생님이 이사를 왔습니다. 20년 가까이 사귄 후배이기도 합니다. 몇 년 전 물골안 마을에서 함께 살자고 왔지요.

밤하늘에 울리는 노래가 좋아서 거기도 맥주 한 깡통을 가져다주었습니다. 노랫값이라고 했지요. 박 선생님이 몇 곡을 더 불러 주었습니다. 제가 좋아하는 김광석 노래도 들려옵니다. 노래 덕분에 《사라바》라는 일본 소설을 다 읽었습니다.

문득 마루를 보니 우리 집 큰아이가 나와서 보고 있습니다. 물 마시러 왔다고 합니다. 알았으니 그만 들어가서 자라고 하는데 아이가 한마디 합니다. 애들한테는 일찍 자라고 하면서 어른들만 책 본다고 치사하답니다. 아이를 돌려세우고 의자에 앉으니 참 그렇다는 생각이 듭니다. 밤바람도 좋고, 불빛도 좋고, 노랫소리도 좋은데 어른들만 책을 읽으니 그렇습니다. 치사합니다.

지난주에는 아이들 시를 모아서 《개구리 놀이터》라는 작은 문집을 냈습니다. 올 들어 세 번째입니다. 가끔씩 아이들이 쓴 글을 모아서 작은 문집으로 내고, 일 년이 지나면 그걸 다시 묶어서 책을 냅니다. 책 이름은 매년 3월에 아이들이 정합니다. 저에게는 보물 같은 책입니다.

이번에 쓴 글 중에 '약속'이라는 글감이 들어 있습니다. 월요일 아침마다 차를 마시며 이야기를 나누는데, 거기서 글감을 찾곤 합니다.

아이들이 글을 쓰고 나면 곧장 옮겨 적어야 하는데, 그러지 못할 때가 많습니다. 다른 일에 정신이 팔려서 그렇습니다. 그런 때는 글쓰기 공책이 제 책상 위에 쌓입니다. 왜 빨리 안 하냐고 아무도 재촉하지 않으니 뒷전으로 밀릴 때가 많습니다. 한 달 치를 꼬박 모았다가 지난주에 문집을 내어 주었습니다.

아이들 시를 읽다 보면 우리 어른들이 잘못한 것이 많구나, 하고 생각하게 됩니다. 동하는 엄마가 텔레비전 보라고 해 놓고 막상 보고 있으면 학습지를 시킨다고 썼습니다. 엄마가 약속해 놓고 본인이 어긴다고 합니다. 화인이네 엄마는 "야! 너 왜 약속 안 지켜!" 하고 혼내지만, 어린이날 이천 원 준다고 한 것도 안 주고 2학년 때 과자 사 준다고 하고는 일 년 동안 지키지 않았다고 합니다. 한 시간 동안 컴퓨터 하라고 해 놓고 30분만 지나면 그만 끄라는 부모님도 있답니다.

그러고 보니 저도 약속을 어길 때가 많습니다. 지난번에 방방이장 간다고 찰떡같이 약속해 놓고 그만 어겼습니다. 그런 일이 하도 많아서 아이들은 그냥 참고 맙니다.

얼마 전 신문을 보니 가족 중에서 가장 믿을 수 없는 사람 1위가 아빠였습니다. 2위는 엄마입니다. 약속을 어겨서 믿지 못하는 사람 1, 2위를 다투는 사람이 아빠, 엄마이니 그런 사람들과 사는 아이들 마음이 어떨까 싶습니다. 3위는 보지 않아서 모르겠지만 아마도 선생님이 아닐까 싶습니다.

생각해 보니 저도 그런 것 같습니다. 아이들이 바라는 것은 따로 있는데 내 마음대로 정해 놓고 약속이라며 지키라 할 때가 많습니다. 그렇게 억지로 정한 약속도 내 마음대로 깨어 버릴 때가 있습니다. 도무지 믿을 수 없는 사람들이 저 같은 어른들입니다. 힘이 있다고, 목소리가 크다고 자기 마음대로 합니다. 치사합니다.

아이들이 좀 더 자라서 중학생이 되고 고등학생이 되어도 어른들은 바뀌지 않습니다. 어쩔 수 없어서 함께 살지만 아이들은 엄마, 아빠를 믿기 힘듭니다. 선생님도 그렇습니다. 말도 섞기 싫어하는 아이도 많다고 들었습니다. 그러면서 어른을 닮은 어른이 되어 갑니다.

작은 문집을 낼 때마다 앞에다 무슨 말이든 한 쪽 정도 써 줍니다. 이번에도 썼습니다. 아이들이 나중에 커서 자기가 쓴 시를 읽어 보면 좋겠다고 썼습니다.

시를 읽으면서 어릴 적 마음으로 돌아가 주기를 바랍니다. 그러면 우리보다 훨씬 착한 어른이 될 것 같습니다.

그러면 좋겠다고 생각했습니다.

2016년 5월 막날

2부

여름
- - - - - - - -

사람이 사람을 꺼리고 멀리합니다

"내가 뭐 대단한 것 가르친다고 아이들 말도 못 하게 막았나,

매일매일 만나는 아이들 마음도 제대로 못 받으면서

무슨 공부를 가르친다고 했나 싶었습니다.

부끄럽고, 미안했습니다."

날이 덥습니다. 날이 더운데도 돌림병은 더 빨리 사람들 사이를 돌
아다닙니다. (그해 여름 중동 지역의 낙타에게서 시작되었다는 감기 증상이
온 나라를 떠들썩하게 했습니다. 사람들은 모두 마스크를 쓰고 다녔고, 학교
에서도 아침마다 등교하는 아이들 열을 쟀습니다. 메르스라고 불렸습니다.)

아직 우리 마을에는 병에 걸린 사람이 없는데도 몇몇 아이가 마스
크를 쓰고 학교에 옵니다. 가까운 읍내만 나가도 마스크를 쓴 사람이
많습니다. 길거리에 사람들이 다니지 않고, 간혹 지나가는 사람들도
얼굴을 마주치지 않습니다.

사람이 사람을 멀리하고, 사람과 사람이 나누기를 꺼립니다. 그런
시절입니다. 어쩌다가 이렇게 되었는지…. 돌림병 때문인지, 사람이

사람을 믿지 못해서 그런 것인지 알 수가 없습니다.

그러거나 말거나 아이들은 잘 놉니다. 제 할 말도 잘합니다. 어제는 아이들 몇 명이 한 아이에게 뭐라고 뭐라고 말을 하길래, 아무리 잘못해도 한 아이를 그렇게 나무라면 외로워서 어떻게 살겠냐고 타박을 주었습니다. 그러면서 선생님도 그 아이가 잘못하면 나쁜 말로 하지 않고 좋은 말로 대할 거라고 말했지요.

그랬더니 딴 아이가 "선생님도 앞에서는 나쁘게 말하고 뒤에서는 착하게 말해요." 하고 말해서 놀랐습니다. 무슨 말인지 물었더니, 둘이 있을 때는 친절하게 말하는데 여럿이 있을 때는 무섭게 말하곤 한답니다. 다른 아이도 덩달아서 "공부 시간에 그렇게 해요." 하고 말했습니다.

무슨 말을 하는지 잘 알 수 있었습니다. 잘못이다 싶어서 아이들에게 사과를 했습니다. 이제는 공부 시간에 무섭게 말하지 않겠다고 했습니다. 혹시 앞으로 그렇게 말하면 이야기를 해 달라고 했더니 한 아이가 "그런 말도 못 하게 나쁘게 말해요." 하고 말해서 또 미안하다고 했습니다.

그렇게 미안하다고 말했더니 아이들이 더 다가옵니다. 남자 친구 하자고 하고, 첫 번째로 좋아한다고 말해 주기도 합니다. 그러면 또 행복합니다.

그런 생각이 들었습니다. 내가 뭐 대단한 것 가르친다고 아이들 말도 못 하게 막았나, 매일매일 만나는 아이들 마음도 제대로 못 받으면서 무슨 공부를 가르친다고 했나 싶었습니다. 부끄럽고, 미안했습니다.

어젯밤에는 이오덕 선생님이 쓴《민주교육으로 가는 길》을 다 읽었습니다. 거기에 이런 말이 쓰여 있었습니다.

교육은 오직 교육자 스스로 잘해 보겠다고 다짐하고 애써 하도록 하는, 즉 운동으로 하는 길밖에는 도무지 있을 수 없다.

저도 그런 생각을 한 적이 있습니다. 누구에게 무엇을 시키거나, 행정가들에게 따지거나, 정부에 반대하거나 하는 것으로 교육이 바뀔 수 있다는 믿음을 가진 적이 있습니다. 생각이 올바른 사람들이 힘을 모아서 싸워야 한다고 생각을 했습니다. 하지만 돌이켜 보니 누군가를 가르친다는 것은 그런 것으로 할 수 없다는 생각이 듭니다.

이는 내가 스스로 그렇게 살아야 되는 일이었습니다. 남을 바꾼다고 해서 바뀌는 것이 아니었지요. 그렇게 살아야겠다고 마음을 먹어놓고도 좀체 그리 되지 않습니다. 나날이 돌아보고, 나날이 정성을 다해서 아이들을 만나야 하는데 쉽지 않았습니다. 그래서 모임이 필요한가 봅니다. 선생님들이 스스로 잘해 보겠다고 마음을 나누며 살아가면 좋겠다는 생각이 들었습니다.

마지막으로 이오덕 선생님이 그 책에서 쓴 말을 옮겨 두려고 합니다. 도움이 되기를 바랍니다.

민주주의는 질서정연하게 움직이는 것이 아니라(그따위 질서정연은 군인들 세계에서나 있는 일이지) 어수선하고 무질서한 데서 시작하는 것이다. 그리고 특히 교사로서 민주교육을 하는 것은 쉽고 편안한 길이 아니라 힘들고 귀찮은 길을 가는 것임을 알아야 한다. 그 힘들고 귀찮은 길이야말로 진짜 교육하는 기쁨을 깨닫게 되는 영광스러운 교육자의 길이다. … 민주교육은 선생님이 아이들에게 배우기도 하는 교육이다.

2015년 6월 9일

덧붙이는 말

선생님들 소식입니다. 제가 보내 드린 편지를 보고 여러 선생님께서 편지를 보내오셨습니다. 제주에서 양재성, 고희숙 선생님께서 거기는 여름이라고 소식을 알려 주셨고, 서울에서 이재숙 선생님께서《우리말 바로쓰기》로 수업을 했더니 아이들이 좋아했다고 알려 주셨습니다. 여주의 이윤국 선생님과 오랜만에 소식을 주고받아서 좋았고, 동해의 이명주 선생님과 변영주 선생님께서도 답을 보내 주셨습니다. 고맙습니다.

삶의 이야기를 나누고 싶습니다

"내가 만나는 아이들, 내가 만나는 옆 반 선생님들,
내가 몸담고 있는 학교와 교실에 우리 교육의 문제를
풀 수 있는 새로운 길이 있습니다. 나날이 만나는
아이들 속에 내 삶의 갈 길도 있다고 생각합니다."

5월 중순부터 아침에 자전거를 타고 학교에 옵니다. 25분 정도 걸리는데, 언젠가부터는 아침에도 해가 높아서 등줄기가 젖곤 합니다. 오늘도 그랬습니다. 여름이 점점 가까이 오고 있는 모양입니다.

그러고 보니 이번 주말은 단오입니다. 지난주에 창포와 쥘부채를 아이들 수만큼 주문했습니다. 화채를 만들 과일도 목요일에 사러 가기로 했습니다. 첫여름 뙤약볕에서 씨름도 하고 그네도 뛰다 보면 아이들은 무척 더울 것입니다. 그럴 때 머리도 감고 화채를 만들어 먹으면 참 시원하겠지요. 저는 그렇게 여름을 맞으려고 합니다.

편지를 쓰기 시작하면서 책을 읽거나 겪은 일이 있으면 그걸 꼭 편지에 써야겠다는 생각을 하게 됩니다. 그러다가 나 혼자 생각하고 겪은 일이 다른 선생님들께 무슨 의미가 있을까 싶어서 맥이 빠지기도 합니다.

이오덕 선생님은 '대화'를 우리말로 '마주이야기'라고 불렀습니다. 마주 보고 나누는 이야기니까 마주이야기겠지요. 그 마주이야기는 박문희 선생님에게 와서 꽃을 피웠습니다. 저도 박문희 선생님의 유치원 아이들처럼 마주이야기를 할 때가 참 좋습니다.

특히 술집에서 잔을 부딪치며 하는 마주이야기가 좋습니다. 이야기가 재미있으면 웃고, 슬프면 울고, 화가 나면 서로 위로해 줍니다. 눈을 맞추는 것도 좋고, 맞장구를 치는 것도 좋습니다. 가끔 내가 한 번도 생각하지 못한 이야기를 듣기도 하는데, 그런 이야기를 나누고 집으로 돌아갈 때는 술에 취해도 갈 길이 뚜렷해 보입니다.

이 편지가 마주이야기처럼 서로 나눌 수 있으면 좋겠다고 생각했습니다. 아직 어떻게 하면 좋겠다는 자세한 생각은 없지만, 제가 보내는 편지가 이야기판이 되고 온 나라에 흩어진 여러 선생님의 이야기들이 살아나게 한다면 좋겠습니다. 그래서 오래된 이야기 하나를 하려고 합니다.

7년 전쯤 금산에서 국어모임 연수를 한 적이 있습니다. 박진환 선생님께서 간디학교를 빌려서 열었던 연수였습니다. 그 연수의 뒤풀이 자리였을 겁니다. 진안에 사는 윤일호 선생님이 막걸리를 싣고 그곳에 왔습니다. 마침 내 앞에 앉게 되어서 뜻하지 않게 오랜 시간 이야기를 나눌 수 있었습니다.

"김강수 선생님, 우리도 이오덕학교나 김수업학교를 만들면 안 되겠습니까? 왜 다른 나라 사람들이 한 것만 따라 하고, 우리 안에서 나온 학교는 없는 건가요? 우리가 만들어야 합니다. 저는 그렇게 할 것입니다."

오래되어서 잘 기억이 나지는 않지만 이런 이야기였지 않을까 싶습니다. 우렁우렁 울리는 윤일호 선생님의 이야기가 무척 좋았나 봅니다. 저는 윤일호 선생님이 그렇게 할 수 있다면 참 좋겠다고 그러면서 우리 그런 학교를 만들어 그 속에서 함께 살아가자고 다짐을 하고 헤어졌습니다.

한두 해가 지났습니다. 윤일호 선생님이 몇몇 선생님과 함께 힘을 모아서 새로운 학교 운동을 하고 있다고 했습니다. 이름을 그렇게 붙이지는 못했지만 교육 과정은 이오덕 선생님이나 김수업 선생님의 뜻을 따랐다고 말해 주었습니다. 반갑고 좋아서 지난여름에는 모셔서 이야기를 들었습니다. 오래된 이야기가 현실이 되는 것 같아서 마음이 울렁거렸습니다.

얼마 전 회원들에게 보낸 편지를 보고 윤일호 선생님이 책 하나를 보내왔습니다. 《학교가 돌아왔다》라는 책인데, 장승초등학교에서 윤일호 선생님이 겪고 느끼고 생각한 것들이 담겨 있었습니다. 어제 저녁에 읽기 시작했는데 자정이 되어서 다 읽었습니다. 거기에 이런 글귀가 있습니다.

프레네, 슈타이너, 몬테소리 같은 교육 운동 이야기를 하면서 왜 우리는 우리의 교육 사상가를 제대로 평가해 주지 않고, 찾아내서 알리려는 노력도 하지 않을까? 지나친 해석일 수도 있겠지만 우리 것은 대체로 낮게 보고, 다른 나라의 것은 더 높게 생각하는 것은 아닐까?

신영복 선생님의 《담론》에도 비슷한 말이 있어서 놀랐습니다. 변화와 창조는 중심부가 아닌 변방에서 이루어지는데, 거기에는 결정적 전제가 있다고 말합니다. "중심부에 대한 콤플렉스가 없어야 합니다. 중심부에 대한 콤플렉스가 청산되지 않는 한 변방은 결코 창조 공간이 되지 못합니다. 중심부보다 더 완고한 교조적 공간이 될 뿐입니다."라고 말입니다.

우리의 학교가, 우리의 교실이 완고한 교조적 공간이 되지 않기 위해서 저부터가 윤일호 선생처럼 살아야 한다는 생각이 들었습니다. 내가 만나는 아이들, 내가 만나는 옆 반 선생님들, 내가 몸담고 있는 학교와 교실에 우리 교육의 문제를 풀 수 있는 새로운 길이 있습니다. 나날이 만나는 아이들 속에 내 삶의 갈 길도 있다고 생각합니다. 외국에서 들어온 어느 교육자의 이야기를 나눌 것이 아니라, 우리의 이야기를 나눌 수 있는 이야기판을 열어야 할 것 같습니다.

또 한 분 선생님 이야기를 하려고 합니다. 오래전 국어모임이 처음 열릴 때 연수에서 만났습니다. 거제도, 섬에서 아이들을 가르치고 있는 최종득 선생님입니다. 그때 가끔 아이들이 쓴 시라며 보내오셨는데, 보고 있으면 마음이 허전해지곤 했습니다. 얼마 전에 아이들이 쓴 시를 엮었다고 보내 주셨습니다. 《붕어빵과 엄마》라는 책입니다. 책을 펼치자 면지에 "김강수 선생님, 아이들한테 배우고 있습니다."라고 쓰여 있었습니다.

선생님께서 보내 주신 시집을 읽으면서 제가 아이들에게서 제대로 배우지 않았다는 것을 알았습니다. 아이들은 몇 마디 말로 부실한 내 삶을 흔들었습니다. 오늘은 거기 실린 쓸쓸한 시 한 편을 마지막으로 편지를 줄이겠습니다.

우리 어머니

강○○ (2학년)

우리 어머니는 외국에 갔습니다.

가끔 나를 버렸다는 생각이 납니다.

2015년 6월 16일

덧붙이는 말

지난번 편지를 읽고 나서 답을 보내 주신 분이 계셨습니다. 어떤 선생님 은 그날 아이와의 일 때문에 눈물이 났다고 했습니다. 아이 때문에 눈물 을 흘린 지 오래된 저는 그 이야기를 읽고 부끄러워졌습니다.

손과 손 사이에 희망이 있습니다

"길은 가만히 멈추어 있지 않고 사람들 사이에
흔들리고 있는 것이 아닐까 생각합니다.
함께 가는 동무가 있어야
흔들림 속에서도 길을 찾을 수 있겠지요."

　요즘 날이 더워져서 오후에는 가르치기 어려울 때가 있습니다. 지난주에 5교시 하는 날이 있었는데, 아이들이 하도 힘들어하길래 왜 그런가 물어보았습니다. 우리 반 현빈이가 그랬습니다.

"선생님이 공부를 재미없게 해서 그래요."

　다른 아이들 몇몇도 그렇다면서 이제 공부 좀 그만하고 놀자고 합니다. 그래서 내가 어떻게 맨날 재미있게 공부할 수 있냐고, 원래 공부는 재미없어도 하는 거라고 둘러댔습니다. 그러고 나니까 마음이 불편했습니다. 내 탓인데 아이들 탓으로 돌려서 미안했습니다.

　생각해 보니 늘 그랬던 것 같습니다. 교육 과정이 잘못되었기 때문이라고 생각했습니다. 국가가 마음 내키는 대로 만든 교육 과정이라서 어쩔 수 없다고 말할 때가 있었습니다. 관료제가 문제라고도 했습니다. 가르치는 자가 존중받지 못하고 관료들이 시키는 일을 하느라 바빠서 제대로 가르치지 못한다고 말하기도 했지요.

그러나 문제의 중심에 늘 제가 있었습니다. 제대로 가르치지 못하는 것은 저의 문제가 컸습니다. 멀리서 만들어 놓은 교과서나, 멀리서 내려 보낸 공문 같은 것은 작은 문제였습니다. 남 탓을 하다가 제 길을 가지 못하고 사잇길에 빠져들 때가 많았습니다.

반듯하고 큰길만 가자는 것은 아니지만, 사잇길에 빠져서 갈 길을 놓칠 때가 있습니다. 먼 길을 갈 때가 그렇습니다. 그럴 때는 길잡이를 할 수 있는 뚜렷한 뜻이 있어야 하지요. 그리고 뜻보다 더 필요한 것이 있다고 생각합니다. 힘들 때 기댈 수 있는 '길동무'입니다. 그래야 외롭지 않습니다.

대학 때 읽었던 정현종 시인의 시가 생각납니다.

사람들 사이에 섬이 있다.
그 섬에 가고 싶다.

제목이 '섬'이었나 싶습니다. 섬은 바다 위를 떠다닙니다. 그러면서 사람과 사람 사이를 이어 줍니다. 내가 가려고 하는 길도 그럴 것 같습니다. 길은 가만히 멈추어 있지 않고 사람들 사이에 흔들리고 있는 것이 아닐까 생각합니다. 함께 가는 동무가 있어야 흔들림 속에서도 길을 찾을 수 있겠지요. 저는 늘 그랬던 것 같습니다. 동무가 없었다면 어딘가 사잇길을 헤매고 있었을 것입니다. 혹 지금이 사잇길 어디쯤일지도 모르지만, 그래도 길동무가 있어서 외롭지는 않습니다.

지난주에 계간지《어린이와 함께 여는 국어교육》이 제 손에 닿았습니다. 닿자마자 금세 읽어 버렸습니다. 마음이 시원해지고 기뻤습니다. 수많은 선생님이 살아 움직이고 있었습니다. 수원에 있는 진현 선생님께 전화를 걸어 애써 주셔서 고맙다고 인사를 드렸습니다.

계간지에서 새로운 선생님들이 인사하는 글을 읽었습니다. 그냥 모임에 들어온 것이 아니라, 다들 옆에 있는 누군가를 보고 모임에 함께하게 되었다고 썼습니다. 누군가 함께 가자고 손을 내밀었던 것 같습니다. 그 손을 함께 맞잡아 주어서 고마웠습니다. 손과 손 사이에 희망이 있을 것 같습니다. 돌이켜 보니 국어모임은 늘 그랬던 것도 같습니다. 끝까지 희망을 놓지 말아야 하겠습니다.

돌림병 때문에 교육청에서 공문이 많이 오지 않습니다. 그래서 학교가 편안합니다. 아이들 소리에 더 귀 기울일 수 있습니다. 그러고 보면 교육청은 없는 것이 더 좋지 않을까 싶습니다.

계간지에서 읽은 이미정 선생님의 글을 소개하면서 이만 줄일까 합니다. 이미정 선생님은 욕심내거나 빨리 가지 않겠다고 합니다. "우리가 할 수 있는 만큼만 천천히, 그리고 실천하면서 가려 한다."라고 말합니다. 내 삶도, 우리 모두의 삶도 이미정 선생님 말씀처럼 실천하면서 갈 수 있기를 바랍니다.

2015년 6월 23일

높이 쌓은 것은 위태롭습니다

"더 떨어질 것이 없는 밑바닥이어야지
함께할 수 있다는 생각이 들었습니다.
그래야 함께할 수 있고, 그래야 멀고 긴 길을
갈 수 있을 것 같습니다."

며칠 전 비가 왔지만, 날이 한층 더워졌습니다. 학교에서는 아이들
이 중간 놀이 시간에 놀고 오면 덥다고 해서 에어컨을 켜 줍니다. 그
러면 교실이 싸늘해지는데, 그것 때문에 감기에 걸리고 말았습니다.

콧물을 훌쩍이다가 혹시나 싶어 보건실에서 열을 재었더니 37.5도
가 넘었습니다. 감기 때문에 그렇지만, 요즘은 37.5도가 넘는데 사람
들 틈에 있으면 왠지 켕깁니다. 교무실에 말하고 집에 가서 낮잠을 달
게 잤습니다. 그랬더니 몸이 좀 나아졌습니다. 잠은 사람을 낫게 합니
다. 선생님께 보내는 이 편지가 단잠 같으면 좋겠다고 생각했습니다.

얼마 전 교실에서 있었던 이야기를 하려고 합니다.

저는 올해 1학년을 맡고 있습니다. 우리 반 아이들은 제가 공부를

잘 못 가르친다고 타박을 할 때가 많습니다. 수 놀이 시간에 견주어 보는 말을 배울 때도 그랬습니다. 입말로 견주어 보는 것은 아이들이 다 할 수 있으니 글말로 쓰는 것을 연습시키려고 했습니다. 아이들에게 둘받침 글자니까 조심하라고 일러 주고는 '많다-적다', '넓다-좁다', '길다-짧다'와 같이 짝이 되는 낱말을 가르쳤습니다. 읽고 쓰기만 하다 보니까 아이들이 재미가 없다고 합니다. 힘들다고 합니다. 그래서 제가 "어떻게 공부하고 싶은데?" 하고 물어보니, 놀이처럼 놀면서 해야 한다고 했습니다. 시간표에는 수 놀이 시간이라고 해 놓고 놀이를 하지 않으니 문제였습니다.

하루를 더 생각해 보고 나서 놀기로 했습니다. 놀다 보면 공부가 되겠거니 생각했지요. 준비물실에 가서 쌓기나무를 한 바구니 가져왔습니다. 아이들에게 어떻게 놀면 되는지 말하고 있는데, 내 말은 듣지도 않고 바구니만 뚫어질 듯 쳐다보더군요. 짧지 않은 시간 동안 아이들을 가르쳤건만, 나는 한 번이라도 저런 눈길을 받은 적이 있었나 하는 생각이 스쳤습니다. 내가 쌓기나무만큼도 안 되는구나 싶어서 좀 서글펐습니다.

첫 번째 놀이는 높이 쌓는 것이었습니다. '높다'를 가르치려는 뜻이었습니다. 둘이서, 셋이서 쌓아도 되는데 높이 쌓기만 하면 된다고 했습니다. 아이들이 우루루 달려가서 나무를 가져가더니 저마다 쌓기를 시작했습니다. 떠들지도 않고 다들 조심조심 쌓습니다. 조금 있으니 여기저기서 무너지는 소리도 들립니다. 그러다가 몇몇 아이가 싸웁니다. 동무가 지나가다가 건드렸다고 싸우고, 쌓기나무를 더 가지려고 싸웠습니다. 그래서 얼른 두 번째 놀이를 시작했습니다.

두 번째 놀이는 길게 늘어놓는 것이었습니다. 성벽처럼 길게 늘어놓아 보라고 했습니다. 이번에도 둘이 하든, 셋이 하든 상관없다고 했습니다. 처음에는 혼자서 하던 아이들이 서로 자기가 가진 쌓기나무를 합쳐서 길게 늘어놓았습니다. 둘이 셋이 되고, 곧이어 우리 반 전체가 함께 쌓기나무를 이었습니다. 억지로 빼앗지도 않고, 남이 많이 가졌다고 뭐라고 하지도 않았습니다. 나쁜 말이 나오지 않고 부드럽게 말을 했습니다. 그러니까 모두가 즐거워졌습니다. 놀라웠습니다. 같은 쌓기나무를 가지고 하는 놀이가 이렇게 다를 수 있나 싶었습니다.

수직과 수평의 차이인 것 같았습니다. 수직은 높이입니다. 높이 쌓거나 높이 올라가면 떨어질 수 있습니다. 위태롭습니다. 위태로운 놀이나 일을 할 때는 남을 돌아보지 않습니다. 오직 그 높이의 끝에 가보고 싶은 마음뿐입니다. 그렇다 보니 함께할 수 없습니다.

반대로 수평은 길이입니다. 길게 늘어 세우거나 길게 가는 것은 시간이 걸리고 힘이 들기는 해도 떨어질 위험이 없습니다. 떨어질까 걱정되지 않으니 주위를 돌아볼 수 있고 더 먼 길을 갈 수 있습니다. 더 멀리 가려다 보니 함께 갈 수밖에 없습니다.

아이들이 놀이를 통해서 저에게 가르쳐 준 것이었습니다. 내가 왜 높은 건물을 보면 주눅이 들었는지, 높은 곳에 올라가면 오줌이 찔끔 나올 것처럼 위태롭다는 느낌이 들었는지 알 것 같았습니다. 그런 곳에서는 사람을 사람으로 보기가 어렵습니다. 높은 곳에서 내려다본 사람들은 개미 떼 같습니다. 사람이 그러하니 풀도, 나무도, 짐승도,

곤충도 온갖 생명이 하찮게 보일 것입니다. 그런 세상은 불행합니다.

우리가 살고 있는 세상에는 그래서 불행이 존재하는 것 같습니다. 높이를 앞세우는 수직의 세상이기 때문입니다. 낮은 곳에 있는 사람은 높은 곳에 있는 사람들에게 비교당하고, 그들을 부러워합니다. 또한 높은 곳에 있는 사람은 낮은 곳에 있는 사람을 업신여기기 일쑤입니다. 이런 곳에서는 먼 길을 함께 갈 수 없습니다.

더 떨어질 것이 없는 밑바닥이어야 함께할 수 있다는 생각이 들었습니다. 그래야 함께할 수 있고, 그래야 멀고 긴 길을 갈 수 있을 것 같습니다. 아이들이 저에게 준 깨달음이니 잊지 않아야 하겠습니다. 제대로 실천하며 살지는 모르겠지만, 이렇게 여러 선생님에게 말했으니 저도 조금은 바뀌지 않을까 싶습니다.

주말에는 하루 종일 국어 교과 새 교육 과정을 검토하고 의견을 썼습니다. 교육부 연구사 말로는 이번에 개정하는 교육 과정 전체를 아우르며 검토하는 일이라고 했습니다. 그렇다면 국어과 이름부터 바꾸고, 영역도 다시 바꾸고, 한자말투성이인 문장도 바꾸고, 쓸데없이 아이들 진을 빼는 내용도 없애고, 1, 2학년 교과서에서 글자 익히기를 빠뜨림 없이 하도록 하고, 무엇보다 아이들 삶을 가꿀 수 있도록 이야기해야겠다고 마음을 먹었습니다. 적어도 가장 재미없는 것이 우리말 배우는 일이어서는 안 되겠다 싶었습니다.

자려고 누워서도 생각했습니다. 교육 과정을 만든 사람들이 아이들을 가르쳐 본 적이 없다면 내가 앞장서서 교실 이야기를 해야겠다, 학문이 어쩌고저쩌고하는 말에 주눅 들지 말아야겠다 다짐도 했습니다.

그런데 나중에 연구사에게서 메일이 왔는데, 저는 다 만든 교육 과정을 보고 정해진 표에다가 몇 가지 의견을 써서 메일로 전하는 역할에 불과할 뿐이었습니다. 제가 하는 일의 이름이 '현장 검토'였습니다. 어떻게 해야 하나, 하지 않는다고 해야 하나 싶다가 그래도 생각을 써주면 티끌만큼이라도 바꾸겠지 싶어서 주말 내내 글을 썼습니다.

글을 쓰려고 교육 과정을 읽어 보는데 말문이 막혔습니다. 내용이나 영역은 5차 교육 과정에서 한 발자국도 나아진 것이 없었고, 거기다가 이번에는 '핵심 역량'이라는 말을 가져와서 국어과 교과 역량이라는 것을 넣었더군요. 현장 검토서에도 썼지만 핵심 역량이라는 것이 OECD에서 길러야 한다는 그 능력인 것 같았습니다.

사람과 교육을 도구로 만들어 버리는 그런 말은 쓰지도 말 것이며, 총론을 만드는 교육학자들에게도 말해야 한다고 썼습니다. 말과 삶, 배움과 가르침을 깊이 생각하고 실천한 내용을 바탕으로 우리말을 가르치는 철학을 만들어야지, 바깥에서 들어온 말들로 꾸민다고 교육이 되는 건 아니라고도 썼지요. 쓰면서도 쓰고 있는 제가 한심했습니다. 쓴다고 무엇을 들어줄 것이며, 무엇을 바꿀 수 있나…. 그렇게 겪어 보고도 모르나 싶었습니다.

교육 과정은 교사들이 실제 사용하는 것이니 교사들이 만들고 학자들이 검토를 해야 하지 않나? 학교에서 아이들을 가르쳐 본 적도 없는 사람들이 외국 논문이나 외국에서 배워 온 말로 교육 과정을 만든다는 것이 말이 되는가? 그러니까 교육 과정을 읽어 봐도 우리말은 하나도 없지 않나? 공부라는 것이 매일매일 꾸준히 익혀야 몸에 배는 것이 있고, 한 번 보거나 듣거나 겪어서 깨닫게 되는 것도 있는데, 그런 것들을 섞어 놓으면 어떻게 하나? 말을 배워서 삶을 잘 살게 하는 것이 중요한데, 그러려면 말을 안다는 것이 무엇인지, 삶을 산다는 것이 무엇인지 밝혀 놓아야 하지 않나? 이런 이야기들을 썼습니다.

성취 기준인 마당 배울 거리를 하나하나 고쳐 달라고 해서 봤는데, 하나도 그냥 넘어갈 수 있는 것이 없었습니다. '~을 타당하게 한다', '~을 적정하게 한다', 텍스트가 어쩌고저쩌고…. 뭘 어떻게 하자는 것이 뚜렷하지 않았습니다. 그냥 건성으로 몇 개만 고치자 했는데, 다 쓰고 보니 17쪽이나 되었습니다.

교육부에서도 나름 애를 쓰고, 거기에 참여한 교대나 사대의 학자들도 열심히 연구했을 것입니다. 자기 이름을 걸고 하는 일인데 어떻게 그러지 않았을까요? 또한 그걸 다 만들고 나면 그것으로 논문도 쓰고 책도 내고 할 터인데 '2009 교육 과정'보다는 잘 만들어 보려고 했을 것입니다. 저도 교육 과정을 만들어 본 적이 있으니 그것이 얼마나 어려운 일인지 잘 알고 있습니다. 가장 큰 문제는 가르치지 않는 사람들이 가르치는 사람들의 길잡이를 만든다는 것이지요. 누구의 탓도 아닌 것입니다. 내가 하지 말았어야 했는데 싫었습니다.

검토 의견을 메일로 보내면서 마음이 힘들어졌습니다. 하나 마나 한 일에 힘을 뺀 것 같아 이제부터는 안 하고 싶다고, 차라리 그 시간에 우리 반 아이들 가르칠 것을 고민하고 실천하는 것이 더 낫겠다고 썼습니다. 거친 말을 많이 쓴 것은 내 마음이 편하지 못해서 그런 것이니 잘 전달해 달라고 했습니다. 한마디 말이라도 바뀌었으면 하는 마음에서 하루 종일 고민을 했는데, 말 한마디 바뀌는 것이 중요해 보이지 않는다고 썼습니다.

처음에 말씀드린 '높이' 이야기를 다시 해야겠습니다. 그들은 높은 사람들입니다. 그들은 교육 과정을 만들고, 그 교육 과정은 그대로 교과서가 됩니다. 온 나라에 흩어진 선생님들은 그 교과서를 가지고 가르치고, 교실에 있는 아이들은 교과서의 말을 배울 것입니다. 이렇게 '높이'로 쌓아진 것들은 위태롭습니다. 먼 길을 갈 수도 없고, 함께 가기도 어렵습니다. 우리 반 아이들이 가르쳐 준 깨달음입니다.

2015년 6월 30일

덧붙이는 말

연구사에게서 메일이 왔는데, 김수업 선생님의 책을 다시 읽고 있다고 쓰여 있습니다. 제 생각처럼 선생님들이 교육 과정을 만들면 좋겠다고도 했습니다. 조금 더 해 주면 좋겠다고 쓰여 있었습니다. 거기에 있는 분도 김수업 선생님 책을 읽고 있다는 말을 들어서 마음이 좋아졌습니다.

농부 같은 선생님입니다

"어떻게 살아야 한다고 말하기는 쉽지만 하나라도
실천하기는 어렵습니다. 생명이 귀하다고 말하기는 쉽지만
그때 이야기 속 농부처럼 손을 모아
올챙이를 살려 주는 것은 귀찮고 어려운 일입니다."

지난주 동네 한의원에 침을 맞으러 갔는데, 바깥에서 할머니들이 햇감자가 참 맛있다고 말하는 것을 들었습니다. 왜 그런지 궁금했는데, 알고 보니 여태 너무 가물어서 그렇다고 합니다. 비가 오지 않아서 감자가 타박하니 맛이 좋다는 것입니다. 팔십 넘은 할머니들이 두런두런 이야기를 하면서 올해만큼 맛있는 감자를 먹어 본 적이 없다고 하니, 올해는 그만큼 비가 오지 않았다는 뜻이 되겠지요.

오라는 비는 오지 않고 마른 먼지만 날립니다. 7월이 되었지만 장마가 오지 않았기 때문입니다. 가끔 먼 하늘이 새까매져서 이제는 비가 오는구나 싶었는데 조금 따루다가 금세 개고 맙니다. 우리 동네 할아버지들이 아침부터 물을 대느라 논밭으로 가는 걸 봅니다. 이래서는

도무지 농사를 지을 수 없을 것 같습니다.

오늘은 제가 아는 분 이야기를 하려고 합니다. 제가 알기도 하거니와 선생님들이라면 다들 알 만한 분입니다. 이번 강산배움터에 오시니까 그때 뵐 수도 있을 것 같습니다. 서정오 선생님입니다. 날이 가물어서 서정오 선생님이 들려준 옛이야기가 생각났습니다.

다들 그러셨겠지만, 저도 발령받고 나서 《우리 옛이야기 백 가지》를 통해 처음 서정오 선생님을 알게 되었습니다. 거기 나오는 옛이야기를 하나씩 기억해 뒀다가 아이들에게 들려주곤 했습니다. 힘든 공부에 지친 아이들은 제가 들려주는 옛이야기를 좋아했습니다. 제가 이야기를 잘해서 그런 것이 아니라, 공부가 아닌 이야기이기 때문입니다. 서정오 선생님 덕분에 가끔 우리 반은 이야기판이 벌어지곤 했던 것이지요.

그러다가 서정오 선생님께 처음 연락을 드린 게 국어모임을 열고 나서 첫 번째 계간지를 낼 때였습니다. 계간지 창간호가 나오는데 선생님께 축하한다는 인사말을 써 주십사 부탁을 드렸습니다. 글을 어떻게 써 주셨는지는 잘 생각나지 않지만, 책에서 뵙던 분께 직접 편지를 쓴다는 것이 신기했던 기억은 오래 남았습니다.

처음 뵀었던 때도 기억이 납니다. 강연을 부탁드려서 오셨을 것입니다. 서정오 선생님은 얼굴이 검고 머리가 희다고 해서 다들 웃었습니다. 그러고 나서 이야기를 들려주셨습니다. '옛날 옛날에… 마음씨 착한 농부가 살았는데… 날이 가물었어. 하루는 논일을 가다가… 물이 바짝바짝 마른 웅덩이에 올챙이들이 헤엄치고 있었는데….' 하는 이야기였을 것입니다. 농부가 올챙이를 돕고, 올챙이는 농부에게 은혜를 갚고, 그걸 시기한 고을 원님에 관한 그렇고 그런 이야기였습니다.

그러저러한 이야기였는데, 요즘같이 날이 가물 때는 남다르게 느껴지곤 합니다. 어제 뜬금없이 그때 그 올챙이들은 농부가 얼마나 고마웠을까 하는 생각이 들었습니다. 곧 물이 마를 텐데 두 손으로 올챙이를 떠서 논으로 옮겨 주었으니 말입니다. 그런 사람이 되어야겠다 싶었습니다.

돌이켜보면 저는 그런 사람이 되지 못했지만, 서정오 선생님은 우리 모임에게 농부 같은 분이었습니다.《우리말 우리글》대안 교과서를 만들 때였습니다. 선생님이 쓴 책을 교과서에 실으면 안 되겠냐고 했더니, 안 될 까닭이 없다고 하면서 출판사에 미리 허락을 받아 주셨습니다. 연수에 오셔 달라 부탁을 드리면 아무리 멀어도 찾아와 주시곤 했습니다.《우리말 우리글》대안 교과서를 만들고 나서 인사말을 써 주십사 할 때도 허락을 해 주셨습니다. 그냥 허락을 해 주신 것이 아닙니다. 선생님이 보내온 편지를 읽으며 저는 더 열심히 살아야 하겠구나, 뜻을 이어야 하겠구나 다짐을 하게 되었습니다.

제가 선생님께 편지를 보낼 때는 이러저러한 사정 때문에 부탁을 드린다고 씁니다. 그러면 선생님은 답을 주실 때 늘 우리가 하는 일을 칭찬해 주셨습니다. 선생님께서 할 일을 대신해 줘서 고맙다고 하셨습니다. 저는 짧게 보냈는데 선생님은 아주 길게 써 주시곤 했습니다. 바쁘실 텐데 우리 모임을 언제 아시고는 이렇게 칭찬해 주시나 싶었습니다.

《우리말 우리글》1학년을 마무리했을 때였나 싶습니다. 서울 용산에 있는 국립중앙박물관에서 출판사가 주최하는 출판 기념회가 열렸습니다. 그때 대구에 사시는 선생님이 올라오셨습니다. 우리 모임 선생님들도 많이 참석하지 못했는데, 서정오 선생님은 동무도 없이 혼자 오셔서 몇 시간을 가만히 앉아 이야기를 듣고 내려가셨습니다. 저녁밥을 같이 드시자고 했는데 내려가는 길이 멀다고 그냥 가셨습니다.

제대로 인사도 못 나눴던 것 같습니다. 저라면 그렇게 먼 길을 가서 앉아만 있다가 오지는 못했을 것 같습니다. 모르겠습니다. 서정오 선생님은 그 자리를 지켜보고 싶으셨던 것 같습니다.

지난해에는 연구소에서 이야기를 공부하다가 불쑥 선생님 댁을 찾아가겠다고 연락을 드렸습니다. 잘 알지도 못하는 사람들이, 그것도 여덟 명이나 집으로 찾아가겠다는데 허락해 주셨습니다. 그날 선생님 댁에 가서 몇 시간 동안이나 이야기를 듣고, 사모님이 쪄 주시는 고구마도 먹고 돌아왔습니다. 사람이 많이 와서 사모님과 따님께서 많이 힘들었을 것 같습니다.

이제 이번 여름 강산배움터 이야기를 해야겠습니다. 서정오 선생님을 모시고 싶은데 오시는 김에 두 분과에서 강의해 주시면 어떨지 의견을 물었습니다. 준비하는 사람들이 다들 말렸습니다. 서정오 선생님이 거절하실 리가 없다, 나이도 높으신데 먼 곳에서 오시고 너무 힘들어서 안 된다는 것이었습니다. 그래도 혹시 모르니까 연락이나 드려 보자고 제가 이야기를 했습니다. 선생님께서 건강하실 때 사람을 많이 만나시도록 하는 것이 선생님 뜻을 이어 가는 길이라 우겼습니다.

연락을 드렸는데 서정오 선생님께서 거절하지 않았습니다. 고마웠습니다.

어떻게 살아야 한다고 말하기는 쉽지만 하나라도 실천하기는 어렵습니다. 생명이 귀하다고 말하기는 쉽지만 그때 이야기 속 농부처럼 손을 모아 올챙이를 살려 주는 것은 귀찮고 어려운 일입니다. 서정오 선생님도 연수에 와서 두 번이나 강의를 한다는 것이 귀찮고 어려울 것 같습니다. 그래도 몸을 움직여 오시기로 하였습니다. 고마웠습니다.

오늘도 소식만 있고 비는 오지 않습니다. 비 올 확률이 20퍼센트라고 합니다. 자전거 타고 지나가다 보면 가끔 논이나 밭에 물을 대고 있는 할아버지를 만납니다. 고생하신다고 인사라도 해야겠습니다.

2015년 7월 8일

덧붙이는 말

편지를 보내려고 하는데 비가 옵니다. 중간 놀이 시간인데 지금도 오고 있습니다. 반갑습니다. 아이들과 라면을 끓여서 나눠 먹었습니다. 뜨거운 라면 국물이 속에 들어가니까 비 오는 것이 실감 납니다. 이런 것을 단비라고 해야 할 것 같습니다.

어떤 이야기를 만들며 살아오셨나요

"행복한 이야기, 웃긴 이야기, 재미있는 이야기만 있다면
참 좋겠지만, 슬픈 이야기, 눈물 나는 이야기,
쓸쓸한 이야기도 있을 것 같습니다.
산다는 게 그럴 테니 말입니다."

주말에 비바람이 불더니 또 땡볕입니다.

며칠 전 일요일에는 반가운 비가 와서 깻모를 심었습니다. 제가 세들어 사는 주인집 아주머니 아저씨께서 농사를 지으시는데, 그분들 따라가서 난생 처음 심어 보았습니다. 허리를 굽혀 한참 심다 보면 바람이 불고, 또 한참 심다 보면 비가 와서 시원하게 일을 했습니다. 비맞으면서 밭일을 한다는 것이 그렇게 좋은 줄 몰랐습니다. 아주머니도 오랜만에 비가 와서 일하기 좋다고 했습니다. 서너 시간 깻모를 심고 나서 라면을 끓여 함께 나눠 먹었습니다. 일하고 먹는 밥이라 더 맛있었습니다.

심을 때는 아무렇지도 않았는데 다음 날 아침에 일어났더니 다리가

당겨서 계간을 오르기 힘들었습니다. 아내는 온몸이 아프다고 하고 저도 어제 아침까지 걷기가 어려웠습니다. 안 하던 일을 하고 안 쓰던 힘을 써서 그런 것 같습니다.

주인집 아주머니는 일을 하면서 농사꾼들이 바보 같다고 말합니다. 이렇게 아침부터 깻모 심고 밭 매고, 가을 되면 깨 베어서 털고 씻어 말려서는 기름을 짠다면서 누가 바보같이 그렇게 하냐고요. 그냥 사 먹고 말지, 농사꾼들이 바보라고 합니다. 그 말을 듣고 보니 참 염치도 없이 살았구나 싶었습니다. 지난해 가을 아주머니께 들깨 한 병을 얻어먹었는데, 그게 새삼 미안하고 고마웠습니다.

이제 며칠 있으면 방학이라 다들 통지표를 쓰고 방학 계획서 같은 것을 만드느라 바쁘실 것 같습니다. 저도 교실에 앉아서 아이들 모습을 떠올리며 한 자 한 자 더디게 적어 나가고 있습니다. 가만히 앉아서 아이들 생각을 하다 보면 잊고 있었던 일도 생각나고 아이가 한 말도 생각이 납니다. 오늘은 아이들 이야기를 하나 들려 드리려고 합니다.

우리 학교에는 제 대학 후배이기도 한 박길훈 선생님이 6학년 담임을 맡고 있습니다. 대학 후배이면서 전교조 후배이기도 하고 국어모임 후배이기도 한데, 그것 말고도 얽히고설킨 이야기가 많아서 무척 가까운 사이입니다.

박 선생님은 1학년 우리 반에 올 때면 아이들이 귀엽다고 말도 걸고 농담도 해 줍니다. 그렇게 친하니까 우리 반 아이들도 식당에서 밥 먹을 때 6학년 선생님을 만나면 큰 소리로 이름을 부르고 반가워합니다.

어느 날, 우리 반 아이 하나가 밥을 먹다가 물었습니다.

"선생님, 6학년 선생님 머리카락이 왜 저렇게 하얗지요? 몇 살이에요?" 하길래, "응, 6학년 선생님이 젊어서 고생도 많이 했고 나이가 많아. 백오십 살 넘었을걸."이라고 대답을 해 주었습니다. 그랬더니 그 아이가 6학년 선생님한테 가서 귓속말로 속닥속닥하다가 돌아와서 말합니다.

"선생님, 6학년 선생님 진짜 나이는요, 놀라지 마세요. 백오십한 살이래요."

다른 아이들도 옆에서 듣고 있다가 진짜냐고, 거짓말 아니냐고 말다툼을 하면서 한바탕 소란을 피웠지요. 그 뒤로 6학년 선생님 나이는 백오십한 살이 되었습니다. 아이들을 가만히 보니 6학년 선생님이 하도 정색을 하니까 믿는 아이도 있는 것 같고, 긴가 민가 헷갈리는 아이도 있고, 믿지 않는 아이도 있는 것 같았습니다.

그렇게 봄날을 다 보내고 여름도 한창 깊어졌습니다. 이번 주 월요일에 6학년 선생님이 새까맣게 염색을 하고 학교에 왔습니다. 점심시간에 아이들이 6학년 선생님을 보더니 모두 손가락으로 선생님의 머리를 가리킵니다. 젊어졌다고 하면서도 왜 저렇게 되었나 말들이 많습니다.

밥 먹을 때 누군가 나에게 물어보길래, 젊어지는 샘물 이야기를 해 주었습니다. 축령산 어디에 가면 젊어지는 샘물이 있는데 6학년 선생님은 10년에 한 번씩 거기 가서 먹고 온다고, 그러면 머리카락이 새까매지고 젊어진다고 말했습니다. 새침한 여자아이들은 염색했는데 내가 거짓말을 한다고 하고, 남자아이들은 눈이 휘둥그레져서는 저도 본 적이 있다고 하면서 같이 거짓말을 합니다.

다음 날입니다. 어제지요. 점심을 먹고 나서 교실에서 놀던 여자아이 네 명이 젊어지는 샘물이 있다면 먹을 거냐고 내게 물었습니다. 그래서 내가 먹고는 싶은데 6학년 선생님이 어디 있는지 안 가르쳐 준다고 엄살을 피웠습니다.

저도 아이들에게 엄마, 아빠 갖다 주고 싶냐고 물었지요. 세 명은 그렇게 하겠다고 했는데 마지막 한 명이 할아버지 이야기를 합니다. 할아버지가 아프니까 할아버지 주고 싶다고 말했습니다. 그러고 보니 할아버지가 큰 병원에서 무슨 병인가 진단을 받았다고 들은 게 생각이 났습니다. 아이에게는 절실한 일이 되어 버린 것 같은데, 거짓말인 걸 알게 되면 어쩌나 걱정이 되었습니다.

그 아이들은 샘물이 어디 있는지 알아본다며 후다닥 6학년 교실로 뛰어갔습니다.

그러고는 잊고 있다가 저녁에 박 선생님을 만나서 물어봤습니다. 아이들 안 왔냐고, 뭐라고 대답했냐고 했지요. 선생님은 "축령산 어디에 있는데 보통 사람 눈에는 안 보이고, 백 살이 넘어야 눈에 보인다고 했어요." 하고 말합니다. 그래서 그 아이들이 더 조르지 않고 교실로 돌아왔나 봅니다. 할아버지 병도 낫게 하고 싶지만 백 살이 넘어야 한다니까 기다리기로 한 모양이었습니다.

저는 시간 날 때마다 옛날이야기를 들려줍니다. 어디서 주워들은 이야기나 서정오 선생님의 책에 있는 이야기를 막 섞어서 대충 이야기합니다. 어떨 때는 이야기판이 잘 굴러가서 아이들이 꼼짝 않고 듣지만, 어떨 때는 이 이야기를 했는데 저 이야기로 흘러갔다가 갈피를 잡기 힘들 때쯤 서둘러 끝을 내기도 합니다.

이야기도 잘 못하면서 들려주는 건 이야기가 살아 있는 교실을 만들고 싶은 마음 때문입니다. 억지로 귀 기울이게 하거나 윽박지르지 않고, 누구나 주인공이 되는 이야기판이 교실에서 살아나면 좋겠다고 생각했지요. 어설픈 이야기지만 아이들이 이야기 속에 푹 빠져서 놀다 보면 마음에 맺힌 것도 저절로 풀어지고, 어울려 살아간다는 게 뭔지, 남을 돕는다는 게 뭔지, 사람답게 산다는 게 뭔지 저절로 알게 될 것 같았습니다.

그렇게 되면 참 좋겠는데, 우리 반에서 이야기판이 제대로 펼쳐진 적은 별로 없는 것 같습니다. 제대로 이야기판을 펼치려면 모두가 평등해야 하고 모두가 자유로워야 하는데, 제가 저만 쳐다보라고 할 때가 많아서 그렇습니다. 학교에서 그러면 어쩌냐고 닦달하고 선생님 말 안 들으면 유치원 보낸다고 협박하는 교실에서 제대로 이야기판을 펼칠 수는 없지요. 어쩌다 제 기분이 내켜서 옛이야기를 하지만, 이야기가 끝나고 나면 그뿐입니다.

그런데 어제 박 선생님의 이야기를 듣고 나서 이번에야 제대로 이야기판을 펼쳤구나 싶었습니다. 재미가 없는 이야기면 금세 끝이 나고 말았을 텐데 이 이야기는 3월부터 여름이 깊어지도록 이어졌으니 말입니다. 그리고 이 이야기 속에는 무엇보다 사람들이 살아서 움직입니다. 6학년 선생님, 우리 반 아이들, 반 아이의 할아버지까지 사람들의 어려움과 바람 같은 것이 있습니다. 언제 끝날지도 모르고, 현실과 상상을 넘나들기도 합니다. 그러고 보니 살아간다는 건 이야기를 만들어 나가는 게 아닌가 싶습니다.

이제 곧 방학입니다. 이번 학기, 선생님께서는 어떤 이야기를 만들면서 살아오셨나요? 행복한 이야기, 웃긴 이야기, 재미있는 이야기만 있다면 참 좋겠지만, 슬픈 이야기, 눈물 나는 이야기, 쓸쓸한 이야기도 있을 것 같습니다. 산다는 게 그럴 테니 말입니다. 그 이야기들을 서로 나누고 살면 좋겠습니다.

2015년 7월 15일

덧붙이는 말

어떤 분이 편지를 보내시면서 이렇게 썼습니다. 제가 답장을 받으면 힘이 난다고 하니까 힘내라고 편지를 쓰신다고 했습니다. 그러고 보니 그 말이 선생님들께 내 편지를 봐 달라 조르는 꼴이 되어 버렸습니다. 그런 것에서도 얼른 벗어나야 하는데 사람이 못 되다 보니 확인을 받고 싶은 모양입니다. 이제 답장은 안 주셔도 됩니다. 누군가 한 명이라도 읽어 줄 것이라 생각이 들고, 무엇보다 편지를 쓰면서 제가 즐거워지고 있으니 말입니다. 그간 답장 보내 주셔서 고맙습니다.

함께 떠날 동무가 있으신가요

"여행을 가서 보는 것보다 중요한 것이 있습니다.

길동무입니다. 누구와 같이 가는지,

어떤 이야기를 나누면서 가는지,

어떤 이야기를 만들며 가는지가 더 중요합니다."

교실 컴퓨터 앞에 앉아 아이들 통지표 글을 쓰다 보면 등줄기를 타고 땀이 흐릅니다. 날이 흐리고 비가 내리는데도 그렇습니다. 이제 며칠만 있으면 방학이라서 그런가 봅니다.

아이들도, 선생님들도 기다리던 방학입니다. 초등학교에 다닐 때는 선생님들은 방학을 싫어하는 줄 알았습니다. 맨날 "공부해라!" 말씀하셔서 선생님들은 모두 공부만 좋아하고 노는 방학은 안 좋아하는 줄 알았지요. 방학 중에도 학교에 가는 날이 있었는데, 학교 갈 때마다 선생님이 계셔서 선생님들은 방학에도 맨날 학교에 나오는 줄 알기도 했습니다. 방학 때 선생님이 학교에 나오는 이유는 월급날이기 때문이라는 걸 나중에 제가 선생이 되고 알았지요.

그러던 제가 선생님이 되어 첫 방학을 맞았을 때는 좋았습니다. 겉으로 드러내지는 않았지만, 방학식 끝나고 아이들을 집으로 보내면서 속으로 만세를 몇 천 번도 더 불렀을 겁니다.

고향 부모님과 형제들 만나러 갈 생각도 하고, 대학교 선후배들과 동네 친구들 만나서 놀 생각에 방학식 내내 입꼬리가 위로 올라갔던 것 같습니다. 그렇게 첫 방학을 보내고 나서 다음 방학부터는 가끔 연수라는 데를 찾아다니기도 했습니다. 같은 동네에 김영주 선생님이 계셔서 어린이문학회 연수를 따라가고, 교과연합 연수도 찾아가고, 중·고등학교 국어 교사들 모임 연수에도 가곤 했습니다.

방학 때마다 전교조 연수도 있어서 멀리 차를 타고 가기도 했습니다. 가면 맨 정세가 어떻고 투쟁 방향이 어떻고 어려운 말들을 해서 중간에 당구를 치러 도망 나왔던 기억도 새롭습니다.

그때만큼은 아니지만 요즘도 방학이 기다려집니다. 3월에 아이들을 만나서 익숙해질 만하면 방학을 합니다. 익숙해졌다는 말은 둔감해졌다는 말도 될 수 있지요. 익숙해져서 아이들이 하는 말, 아이들과의 관계, 아이들이 하는 행동을 제대로 살피지 못할 때가 자주 생깁니다. 누군가는 날씨도 더워지고 지쳐서 그렇다고 합니다. 그 말도 맞는 것 같습니다.

어쨌든 그럴 즈음 방학을 합니다. 더위 때문이 아니라 아이들과 떨어져 있으라고 방학을 하는 것 같습니다. 그런데 신기하게도 방학 때 아이들과 떨어져 지내다 보면 오히려 아이들이 보고 싶어집니다. 그러고 보면 방학은 아이들 사랑을 확인하라고 만든 게 아닐까, 실없는 생각도 듭니다. 방학이 끝날 즈음 아이들 만날 생각에 설레는 걸 보면 영 뜬금없는 소리만은 아니겠다 싶습니다.

연구소를 만들고 나서는 방학 때마다 나들이를 떠납니다. 2년 전 겨울에는 진주에 계시는 김수업 선생님과 대구에 계시는 서정오 선생님을 만나 뵈었고, 그 다음 방학에는 방배동의 박문희 선생님을 만나서 이야기를 들었습니다. 지난겨울에는 빌뱅이 언덕에 들렀다가 안동대학교 임재해 선생님을 만나고 왔습니다.

그렇게 여행을 다녀올 때마다 내 몸에 이야기가 차곡차곡 쌓이는 것 같습니다.

"김 선생님, 혁명의 유혹에 빠지지 마세요."

아기장수 이야기가 백성들의 계급의식을 드러낸다고 했더니, 듣고 있던 김수업 선생님께서 하신 말씀입니다. 그 뒤로 급하게 서두르거나 욕심을 내고 있다고 느낄 때마다 선생님의 말씀을 떠올리게 되었습니다. 그때 모두가 함께 나눠 먹었던 비빔밥도 좋았고, 진주 남강을 걸으며 들려주신 이야기도 기억납니다. 내용은 자세히 생각나지 않지만, 강물에 떠 있던 물비늘처럼 반짝이던 느낌은 오래 남습니다.

아람 유치원에 가서 하루 종일 박문희 선생님의 이야기를 들었습니다. 수다스럽게 혼자 이야기를 하시는데, 가만히 듣고만 있어도 유치원 아이들의 재잘거리는 속으로 들어온 것 같았습니다. 끝나고 나서 선생님 제자 가게에 문을 따고 들어가 마신 맥주가 시원했습니다.

지난겨울에는 안동 가는 길에 권정생 선생님이 살던 집을 들렀습니다. 툇마루도 없는 두 칸짜리 작은 집이었습니다. 앞에는 개울도 흐르고, 뒤에는 바위로 된 빌뱅이 언덕이 보였습니다. 이렇게 한세상 사는 분도 있는데, 나는 뭔가 싶었습니다. 오후에는 임재해 선생님을 만나서 이야기를 나누고, 다음 날 '겨레말을 살리는 모임'이 있는 대전으로 건너갔습니다. 숙소를 잡고 나서 당구장에 들러 당구도 치고, 맥주 깡통을 사 와서는 한참 이야기를 나누었습니다.

다음 날, 겨레말을 살리는 모임에 일찍 가서 이야기를 들었습니다. 겨레말을 살리는 모임은 나이가 높으신 분이 많아서 그분들 이야기를 듣고 있기만 해도 좋습니다. 일이 더디게 가서 답답해도 그렇게 가야 튼튼하게 갈 수 있다는 생각이 들었습니다.

지난겨울까지 제가 다녀온 여행입니다. 여행을 가 보면 만나는 모든 것이 새록새록합니다. 가만히 앉아서는 배울 수도, 깨달을 수도 없는 것들입니다. 하지만 여행을 가서 보는 것보다 중요한 것이 있습니다. 길동무입니다. 누구와 같이 가는지, 어떤 이야기를 나누면서 가는지, 어떤 이야기를 만들며 가는지가 더 중요합니다.

가수 김광석의 노래 중에 "첫 딸아이 결혼식에 흘리는 눈물방울이 / 이제는 모두 말라 / 여보, 그 눈물을 기억하오."라는 노랫말이 있습니다. 첫딸 결혼식을 끝까지 함께한 부부가 길동무라는 생각이 듭니다. 그러니까 첫딸 결혼식을 기어이 보는 것도 중요하지만, 아내와 함께 보는 것이 더 중요하다는 말입니다. 저는 그렇게 생각합니다.

방학에 먼 길을 떠날 때마다 저에게도 쉽게 변하지 않는 길동무가 있습니다. 가는 내내 쉬지 않고 떠드는 동무도 있고, 묵묵히 차를 운전하는 동무도 있습니다. 나무로 직접 선물을 만들어 가는 동무도 있고, 바쁘지만 시간을 맞춰 주는 동무도 있습니다. 그런 동무들과 함께 가다 보니 길이 멀지 않습니다.

이번 여름에도 먼 길을 떠납니다. 무너미에 갑니다. 거기서는 또 어떤 것을 보고, 듣고, 겪을지, 그리고 동무들과 어떤 이야기를 만들게 될지 마음이 두근거립니다.

이번 편지에서는 멀리 떠나 보라고 말씀드립니다. 동무들과 어울려 떠나 보라고 꼬시고 싶습니다. 이리저리 길게 쓰다 보니 제대로 전달이 되지 않을 것 같습니다. 그래도 이 편지를 읽는 누군가 한두 분 정도는 '음… 하루라도 동무들과 먼 길을 떠나 봐야겠군.' 하고 생각하면 좋을 것 같습니다.

지난 학기, 아이들 가르치느라 고생 많으셨습니다. 하고 싶었지만 시간이 없어 하지 못했던 일들을 하시면 좋겠습니다. 저도 방학에는 책도 많이 읽고, 더 자주 밭에 나가 보려 합니다.

마지막으로 지난겨울 임재해 선생님께서 들려주신 이야기 한마디를 덧붙입니다. 마을에서 사람들과 어울려 살아갈 때 마음에 새기면 좋겠다는 생각이 들었습니다. 어떻게 하면 마을을 살릴 수 있는지, 학교와 교사가 중심이 되어 어떻게 해야 하는지 물었더니 주신 말씀입니다.

학교가, 교사가 구심점이 되려는 욕망을 버려야 합니다. 거기 살고 있는 분들을 주인공으로 만들어 주어야 합니다. 마을 일에 관심을 보이고, 마을 행사의 참가자가 되어서 함께 살아가야 합니다. 한 사람 한 사람 서로 나누면서, 소외되는 사람 없이 각자 자신이 가진 것을 나누는 일이 중요합니다. 서로 대등한 관계를 이루어야 합니다.

말씀을 듣고 나서 그런 마을에 살면 좋겠다고 생각했습니다.

2015년 7월 23일

아이들과 영화를 찍고 있습니다

"동무처럼 사이좋게 공부를 하면 얼마나 좋을까
생각하지만, 그렇게 되지 않습니다.
내가 아이들보다 낫다고 생각하니까 그런 것 같습니다.
내가 알고 있는 것을 알려 주고 싶은 마음이 앞섭니다."

6월은 여름이라서 날이 더울 때가 많습니다. 그래도 아이들은 쉬는 시간만 되면 뛰어놀기 바쁩니다. 땀을 한 바가지씩 뒤집어쓰고 들어와서 곧장 공부하기가 어렵습니다. 물도 마시라고 하고, 세수도 하라고 합니다.

기다려 주었다가 공책이나 책을 꺼내라고 하면 아이들이 한숨을 쉽니다. 실컷 놀다 왔는데도 그렇습니다. 아무리 놀아도 공부 시간을 싫어합니다. 그런데 아주 가끔이지만 공부 시간을 기다릴 때도 있습니다. 공부 시간이지만 공부가 아니기 때문입니다. 요즘 영화를 찍고 있는데, 그런 공부는 쉬는 시간에도 이어서 하자고 합니다.

3월에 공부할 거리를 정했는데, 그중에 영화 찍기가 있었습니다. 마을 만들기 공부가 끝나자마자 아이들과 영화 준비를 시작했습니다. 예전에 아이들과 찍었던 영화를 보여 주었습니다. 〈거북산을 살려라!〉라는 다큐멘터리 영화입니다. 지난 학교에서 6학년 통합예술 시간에 찍은 영화로, 상영까지 하는 데 한 달이 넘게 걸렸습니다.

어렵다고 포기할 줄 알았는데 영화를 보고 나더니 해 보고 싶다고 말합니다. 몇 차례 회의를 했습니다. 극영화를 찍을 건지 다큐멘터리를 찍을 건지, 어떤 이야기를 하고 싶은지, 배역은 어떻게 나누며 제작은 누가 맡을지를 정했습니다.

아이들은 극영화가 재미있겠다고 했습니다. 3월부터 시작한 온작품 읽기 목록을 살폈는데, 그중 《짜장 짬뽕 탕수육》을 하기로 했습니다. 함께 짜장면을 먹는 마지막 장면이 좋다고 합니다. 그 장면은 뺄 거라고 했는데도 좋다고 합니다.

감독, 음향, 카메라, 해설자를 정하고 배역도 나누었습니다. 첫 촬영은 학교 앞 수동반점에서 했습니다. 승혜 아버지께서 가게를 빌려 주신 덕분에 양파 써는 장면도 찍고 요리하는 장면도 찍었습니다.

교실에서는 몇 번이나 다시 찍었는데도 힘들다고 하지 않습니다. 주인공 종민이가 잘 못하거나 큰덩치가 대사를 잊어 버려도 탓하거나 싸우지 않았습니다. 일주일 동안 장면을 모두 찍고, 이제 마지막을 남겨 두고 있습니다. 종민이가 '짜장 짬뽕 탕수육'을 외치는 장면인데, 여기서는 짧게 끊지 않고 이어서 찍기로 했습니다. 아이들이 그렇게 하자고 합니다.

영화를 찍으면서 아이들 이야기를 많이 듣게 됩니다. 저도 극영화는 처음 찍어 보는 것이라서 막막할 때가 많습니다. 어떻게 할지 물어보면 아이들이 답을 줍니다. 요즘은 도시락을 싸 오지 않는데 어떻게 하냐고 걱정하니까, 장우가 물통으로 장면을 만들어 보자고 말합니다. 대본을 맡은 아이가 써 온 대로 하지 않고 조금씩 바꾸어서 하는데, 그것도 참 좋습니다. 선생님 역할에 말을 넣어서 영화에 활기를 불어넣은 것도 아이들입니다. 쉬는 시간에도 영화 이야기로 꽃을 피웁니다. 보기가 좋습니다.

내일쯤 마지막 장면을 찍고 나면 소리와 음악을 찾고, 목소리 녹음도 하고, 편집도 해야 합니다. 음향과 감독, 해설자를 각각 두 명씩 뽑아서 그 아이들에게 일을 맡겼습니다. 나머지 아이들과 저는 영화 상영 준비를 하기로 했습니다. 포스터와 표를 만들고 팝콘도 준비하기로 했지요.

3학년 아이들에게는 어려운 일이 될 것 같습니다. 처음 영화를 찍을 때 이야기한 것이 있습니다. 선생님도 극영화는 처음 찍어 보는 거라고, 하다가 힘들면 그만두어도 좋다고 말입니다. 그래도 공부가 될 것 같다고 했지요. 그런데 하다 보니 덩달아 저도 신이 납니다. 끝까지 해 보고 싶은 마음이 생겼습니다.

영화를 찍는 일도, 수학 문제를 푸는 일도 힘이 듭니다. 그런데 어떤 공부는 하기 싫고 어떤 공부는 하려고 애를 씁니다. 차이가 있을 것 같습니다. 수학은 가만히 앉아서 하고, 영화는 움직이며 만듭니다. 수학을 공부한 지는 오래되었지만, 영화는 새롭지요. 수학 공부는 나중에 어떨지 모르지만, 영화를 찍는 일은 처음과 끝이 보입니다.

가장 큰 차이는 수학은 가르치는 대로 배우지만, 영화는 함께 만들어 간다는 점입니다. 선생님에게서 일방적으로 배우는 것이 아니고 선생님도 함께 배웁니다. 누가 가르치는 사람인지 누가 배우는 사람인지 딱 자를 수가 없습니다. 그러니 모든 것을 스스로 정하고 스스로 해내야 합니다. 저도 가르치는 부담에서 벗어나니 마음이 편해집니다. 아이들이 동무 같습니다.

　다른 과목도 그러면 좋겠습니다. 동무처럼 사이좋게 공부를 하면 얼마나 좋을까 생각하지만, 그렇게 되지 않습니다. 내가 아이들보다 낫다고 생각하니까 그런 것 같습니다. 내가 알고 있는 것을 알려 주고 싶은 마음이 앞섭니다. 못하면 왜 못하냐고 타박을 합니다. 될 때까지 연습하라고 하고, 더 어려운 것을 가르쳐 줍니다. 아이들은 잘난 선생님 밑에서 배우느라 스스로 할 기회가 없습니다. 시키는 대로 하는 사람이 되어 갑니다. 저 때문입니다.

2016년 6월 7일

사과를 하러 갔습니다

"경수는 제가 바꾸어야 할 대상이 아니라 저와 함께
살아가는 사람이라는 생각이 더 많습니다. 함께 살아가니까
아픈 일도 슬픈 일도 있습니다. 화도 내고 웃기도 합니다.
그러면서 사는 것이 경수와 나의 이야기입니다."

여름에는 함께 있는 것이 힘듭니다. 운동장에서 들어온 아이들은
땀에 흠뻑 젖습니다. 그 아이들이 가까이 오려고 하면 몸이 저절로 물
러서게 됩니다. 떨어져 있으면 그나마 견딜 만합니다. 선생으로서 참
할 말이 아닙니다.

겨울에는 아이들과 함께 교실에 있으면 따뜻해서 좋았습니다. 가까
이 다가와서 따뜻한 말을 해 주면 더 좋았습니다. 아이들이 모두 떠나
고 난 교실은 쓸쓸하고 추웠지요. 그때는 아이들 하나하나가 소중했
습니다. 내가 진짜 아이들을 사랑하는 선생인 것 같아서 그것도 좋았
습니다.

그런데 날이 더워지면서 아이들도 귀찮고 공부도 귀찮아집니다. 이

야기를 나누는 것도 힘에 부칩니다. 점심을 먹고 난 오후에는 아이들과 함께 낮잠이라도 한숨 자고 싶습니다.

아이들도 저와 비슷한 마음인가 봅니다. 자주 다툽니다. 별것 아닌데 목소리를 높이고 화를 냅니다. 공부 시간인데도 버럭버럭 소리를 지릅니다. 몸에 불덩이가 들어가 있는 것 같습니다. 할 수 없어서 어제 오후에는 에어컨을 켰습니다. 그제야 가만히 앉아서 공부를 할 수 있습니다. 에어컨이 없을 때는 어떻게 가르쳤나 싶습니다. 제가 봐도 제가 한심합니다.

오늘 아침에 있었던 일을 쓰려고 합니다. 아침에 학교에 왔더니 경수가 주차장까지 나와서는 내 가방을 들어 준다고 합니다. 가방을 맡기고 올라가는데 5학년 도근이를 이릅니다. 도근이가 승혜 자전거를 훔쳐서 타다가 버렸다고 합니다. 마침 승혜 아버님이 보셔서 자전거를 도로 찾았다고 하길래 다행이라고 했지요. 나중에 도근이를 불러서 한번 물어봐야겠다 싶었습니다.

부르러 갈 것도 없이 도근이가 우리 교실에 왔습니다. 그런데 경수가 승혜가 자전거를 몰래 가져가서 타다가 어딘가에 버렸다는 것입니다. 옆에 있던 경수 표정이 어두워집니다. 경수가 전한 말과 다른가 봅니다.

둘을 데리고 교무실로 내려갔습니다. 하나하나 들어 보고 나서 왜 남한테 뒤집어씌우냐고 경수에게 소리를 질렀습니다. 경수 표정이 굳어집니다.

이번이 처음이 아닙니다. 지난번에는 2학년 아이 가방에 있는 피카

츄 카드를 가져갔다가 돌려주었고, 얼마 전에는 반 아이 가방에서 돈 칠천 원을 가져간 적도 있습니다. 두 번 다 자기는 모르는 일이라고 우기다가 들통이 났습니다. 허술하기 짝이 없는 거짓말을 합니다. 표정만 봐도 알 수 있지요.

칠천 원으로 지나가는 아이들 이것저것 다 사 주는 바람에 돌려줄 수가 없었다고 합니다. 경수 할머니도 아셔야겠다 싶어 전화를 했습니다. 참 미안하고 부끄러웠습니다. 전화를 받는 할머니도 그랬습니다. 이런 통화를 하게 만든 경수가 미워서 그때도 소리를 질렀던 것 같습니다.

오늘 또 경수 할머니께 전화드릴 생각을 하니 참을 수가 없습니다. 5학년 도근이를 돌려보내고 나서 막 아무 말이나 합니다. 제발 생각 좀 하고 살자, 할머니가 남한테 고개 숙이면서 비는 걸 어떻게 볼래, 할머니가 무슨 죄가 있으시냐, 애물단지가 따로 없다, 나도 이번에는 할머니한테 전화 못 한다, 할머니 불쌍해서 나는 못 한다… 뭐, 그런 말들이었습니다.

이야기를 하다 보니 마음이 고됩니다. 탁 치면 눈물이 쏟아질 것 같습니다. 경수는 벌써부터 주르르 눈물을 흘립니다. 마음이 잦아들기까지 한참 기다렸다가 경수에게 말합니다.

"경수야, 이번에는 할머니한테 말하지 말자. 선생님하고 승혜네 같이 가서 사과하자. 선생님이 잘못했다고 빌게, 너도 빌어. 나중에 혹시 할머니가 알게 되면 그때는 솔직하게 말씀드리자."

경수가 울기를 멈추고 고개를 끄덕입니다.

경수와 함께 운동장을 가로질러서 승혜네 집으로 갔습니다. 승혜 아버지께서 가게 문을 닫아 놓고 안 보입니다. 전화를 해 보니 어디 멀리 나가 있다고 합니다. 괜찮다고, 아이들이 그럴 수 있다고 하시는데 나중에 다시 사과드리겠다고 말하고 전화를 끊었습니다.

멀뚱멀뚱 쳐다보는 경수 손을 잡고 다시 학교로 돌아왔습니다. 아이가 외로울 것 같아서 손을 잡고 왔습니다. 경수 손이 작습니다. 아이는 아이입니다. 아이니까 그럴 수 있다고 믿어 봅니다. 다른 방법이 없습니다.

올해 초 첫 번째 편지를 쓸 때 경수 이야기를 썼습니다. 정을 주면 되겠지, 마음을 쏟으면 달라지겠지 생각했습니다. 그러다가 이제는 제가 달라집니다. 내가 경수를 달라지게 하겠다는 생각 같은 건 하지 않게 되었습니다. 열 살을 살았는데 기껏 한 해 같이 사는 선생님이 아이를 어떻게 바꿀 수는 없습니다. 그러고 싶지도 않습니다. 그냥 있는 그대로 봐 주는 것도 힘이 드는 일입니다. 나쁘게 보지 않고, 머리를 쓰다듬어 주거나 손을 잡아 주는 일도 때로는 용기가 필요합니다. 저에게는 그렇습니다.

때마다 경수 편을 들어주고 싶어도 이래서 되는 일인가 싶어 머뭇거립니다. 그렇게 살아갑니다. 경수는 제가 바꾸어야 할 대상이 아니라 저와 함께 살아가는 사람이라는 생각이 더 많습니다. 함께 살아가니까 아픈 일도 슬픈 일도 있습니다. 화도 내고 웃기도 합니다. 그러면서 사는 것이 경수와 나의 이야기입니다.

좋은 결말이 나면 좋겠지만 그렇지 않아도 괜찮습니다. 그냥 이 이야기가 오래 남을 것 같다는 생각이 듭니다. 먼 훗날에도 잊히지 않을 것 같습니다. 경수도 그렇겠지요. 저를 나쁘지 않은 사람으로 기억해 주면 더 좋겠습니다.

2016년 6월 14일

덧붙이는 말

앞에서도 말씀드렸지만, 제 편지에 나오는 아이들 이름은 바꾼 것이 많습니다. 우리 학교에는 경수도 없고 도근이도 없습니다. 아이 이름을 꼭 알 까닭은 없을 것 같아서 그렇습니다. 다만, 이름도 없이 편지를 쓰기가 어려워서 아무 이름이나 붙입니다. 헤아려 주시면 고맙겠습니다.

혼자만 떠들고 있었습니다

"이오덕 선생님은 우리 교사가 할 일은 교실에서 실천하고
실천한 것을 나누는 것이라고 했습니다.
하지만 그동안 제가 한 연수는 제 이야기를 전달하거나
일방적으로 가르치려고 했던 것 같습니다."

봄에 만들어 놓은 텃밭에 풋고추가 여물었습니다. 가끔 따다가 아이들과 점심시간에 나눠 먹습니다. 어떤 것은 내 손바닥보다 길어서 한 개만으로도 밥 한 그릇을 비울 수 있을 것 같습니다. 오이도 길쭉하게 나와서 아이들에게 나눠 줍니다. 오늘은 농부 아이들(우리 반 텃밭을 가꾸는 아이들입니다.)에게 따 오라고 해서 깎아 먹어야겠습니다. 오이 씹는 맛이 시원할 것 같습니다.

오늘은 주말에 있었던 연수 이야기를 하려고 합니다. 창원으로 실천교사모임 세 번째 연수를 다녀왔습니다. 아침 일찍 나섰지만 차가 많이 막혀서 오후 3시가 되어서야 도착했습니다.

온작품 읽기로 이야기를 준비했건만 시간이 모자라서 15분 만에 후

다닥 겉핥기를 할 수밖에 없었습니다. 이어서 박길훈 선생님과 김영주 선생님도 15분씩 하고, 거기 오신 선생님들 이야기를 들었습니다.

한 분 한 분 이야기를 이어 가는데 느낌이 좋았습니다. 앞에서 말한 선생님 이야기에 또 이야기를 붙이고, 거기에 또 생각거리를 내놓았습니다. 가만 놔두면 한없이 이어질 것 같은 이야기판이었습니다. 시간이 모자랐지요. 그래도 마지막 사람까지 모두 마쳤으니 참 다행입니다.

그 연수보다 한 주 전에는 전교조 경기지부에서 참실대회가 있었습니다. 온작품 읽기로 하루 종일 이야기를 나누는 자리였습니다. 먼저 준비한 사람들이 자기 이야기를 하고 나중에는 온 사람이 모두 돌아가며 이야기를 나누었습니다. 그때도 참 좋았습니다. 어떤 선생님은 앞에서 말한 사람들보다 훨씬 깊이 들어가 있었습니다. 온작품 읽기가 뭔지, 어떤 의미가 있는지 이야기도 나눴습니다.

연수를 하면 일방적으로 떠들다 올 때가 많았습니다. 멀리 지방을 갈 때도 세 시간, 네 시간 달려가서 제 이야기만 실컷 하다 돌아올 때가 많았습니다. 그러고 나면 힘이 빠집니다. 선생님들 눈빛이 좋았다는 점이 위안이지만, 이게 나누는 것은 아니다 싶은 생각이 들었습니다.

이오덕 선생님은 우리 교사가 할 일은 교실에서 실천하고 실천한 것을 나누는 것이라고 했습니다. 하지만 그동안 저는 연수에서 제 이야기를 전달하거나 일방적으로 가르치려고 했던 것 같습니다. 나누는 방법을 제대로 알지 못했습니다. 그나마 지난겨울 국어모임 연수에서 깨달은 것이 있어서 이번 연수를 준비하는 데 도움이 되었습니다.

지난겨울 연수에서는 100여 명의 선생님이 한 분도 빠지지 않고 이야기를 했습니다. 두 시간 넘게 이어지는 동안 한 분도 자리를 뜨지 않았습니다. 그렇게 이야기를 나누고 나서 강강술래 놀이를 했습니다. 땀을 흠뻑 흘리면서 누가 주인이고 누가 손님인지 구별하지 않고 놀았습니다.

지난 주말 실천교사모임 뒤풀이에도 함께했습니다. 맥주잔을 들고 이리저리 몰려다니며 이야기판을 벌였습니다. 앞에 무대가 있어서 누구든 노래를 부를 수 있었고, 끼리끼리 모여 함께 사진을 찍으며 놀았습니다. 그때 찍은 사진을 곧장 페이스북에 올리는 선생님도 있었고, 이야기 나눈 느낌을 올리는 선생님도 있었습니다. 연수를 놀이처럼 즐겼지요.

올 여름에 강산배움터를 준비하면서 오시는 분들이 모두 주인이 될 수 있도록 하자고 마음을 모았습니다. 분과 운영을 할 때 진행자에게 서로 이야기를 나눌 수 있도록 부탁드렸고, 분과의 수도 더 많이 늘렸습니다. 그래도 무언가 빠진 것이 있는 것 같았습니다.

이번에 전교조 경기지부 참실대회와 실천교사모임 연수를 다녀온 건 우리에게 빠진 것이 무엇인가 알아보려는 뜻도 있었습니다. 그리고 이제는 그게 무엇인지 더 뚜렷하게 다가옵니다.

지난해 제가 있는 연구소에서 어떻게 하면 교실에서 살아 있는 이야기판을 펼칠 수 있을까 고민한 적이 있습니다. 그때 가장 먼저 나온 것이 '평등'이었습니다. 어느 누가 평가하지 않고 독점하지 않아야 이야기판이 펼쳐질 수 있는 것이지요. 자유로운 이야기도 모두가 똑같이 한마디를 할 수 있을 때 가능한 것이라고 나눴던 기억이 납니다.

우리 연수도 그래야 한다는 생각을 더 세게 했습니다. 몇몇 사람이 준비하는 것이 아니라, 함께 준비하는 이야기판이 되어야 한다고 생각했습니다. 가르치려고 오거나 배우려고 오는 것이 아니라, 함께 나누려고 그 자리에 가야 하는 것이지요.

오늘 저녁에 강산배움터 연수 준비를 위해서 선생님들을 만납니다. 겨우 몇몇 사람이 만나는 것이지요. 거기 가서 이야기를 나누려고 합니다. 몇몇 사람만 준비하는 것을 어떻게 하면 깰 수 있을지, 어떻게 해야 연수가 놀이판이 되고, 어떻게 해야 우리 교실이 우리 삶이 평평한 이야기판이 될 수 있을지 말입니다.

2016년 6월 21일

약을 먹는다고 합니다

"이제 경수는 작은 일에 화를 내지 않는 아이가 되었습니다.
그래서 좋아졌다고 해야 하는지 저는 잘 모르겠습니다.
그저 안타깝습니다."

텃밭에 오이가 많이 자랐습니다. 우리 반 농부 아이들에게 매일매일 조금씩 따 오라고 해서 함께 나눠 먹습니다. 방금 따 와서 시원하고 아삭합니다. 오이를 먹으면서 아이들과 공부를 합니다. 받침소리도 배우고, 입천장소리도 배웁니다.

말본을 가르칠 때 우리 반 아이들은 부지런히 공부합니다. 퐁당 법칙(연음 법칙)도 익히고, 띄어쓰기 법칙도 줄줄 외웁니다. 홑홀소리 말이 줄임말이 될 때 겹홀소리가 되는 것도 그렇구나, 깨달으며 배웁니다. 일기를 쓰거나 글을 쓸 때 자주 틀려서 그런가 봅니다.

퐁당 법칙 공부를 하다가 한 아이가 '같이'를 '가티'라고 읽지 않는다고 말했습니다. 이런 것도 가르쳐야 하나 싶다가 아이들에게 한참

125

설명을 합니다. 혀로 여린입천장과 센입천장을 대어 보라고 하고 느낌이 어떤지 이야기를 나눕니다. '가티'로 읽었을 때와 '가치'로 읽었을 때 어떤 게 쉬운지도 해 봅니다. 혀로 말의 느낌을 알아보거나, 혀로 말소리의 속도를 알아보는 일이 재미있나 봅니다. 입천장소리 법칙(구개음화) 예시 낱말 몇 개를 더 알려 줍니다. 남쪽 사람들이 성질이 급하고 게을러서 그렇게 소리 내는 것 같다고 했더니, 아! 고개를 끄덕입니다.

좀체 집중하지 못하는 경수도 열심히 따라 하면서 몸으로 글자를 익힙니다. 경수는 요즘 공부 시간에 일어나서 돌아다니지 않습니다. 가만히 앉아서 글을 쓸 때가 많고, 매주 함께하는 온작품 읽기 책도 잘 읽습니다. 아이들과 다투지도 않고, 누가 뭐라고 해도 그냥 넘어갈 때가 많습니다.

지난주부터 그렇습니다. 경수는 지난주부터 약을 먹기 시작했답니다. 약을 먹고 나서 경수는 다른 사람이 되었습니다. 아이가 너무 달라져서 할머니께 전화를 걸었습니다. 경수가 먹겠다고 말했답니다. 공부 잘하게 되고 선생님과 할머니께 칭찬받을 수 있다고 하니까 그랬답니다. 공부 시간이 되어서 서둘러 전화를 끊었지만, 뒤끝이 좋지 않았습니다.

3월에 가정 방문을 갔을 때도 비슷한 이야기가 있었습니다. 저는 아이가 생긴 대로 살아가면 좋겠다면서 약을 먹지 않았으면 한다고 말했지요. 할머니께서도 그러겠다고 했던 것 같습니다. 그러다가 보건실에서 무료 상담이 있어서 받았고, 공짜로 병원 검사도 해 준다고 하니 할머니께서 데려고 갔답니다. 병원에서는 약을 처방해 주었습니다.

경수는 욕을 하지 않는 아이, 소리를 지르거나 거칠게 행동하지 않는 아이가 되었습니다. 말도 차분하게 하고, 정말 달라진 점은 공부 시간에 자리에서 일어나지 않는다는 것입니다. 동무들과 관계도 좋아졌습니다. 저는 조마조마 경수를 지켜봅니다. 저래도 되나 싶은 마음이 들기도 합니다.

잘은 모르지만 약을 끊으면 다시 돌아온다는 이야기를 들은 적이 있습니다. 계속 약을 먹어야 한다고도 들었습니다. 병을 낫게 하는 약이 아니라는 이야기도 들었던 것 같습니다. 의사가 아니라서 잘 모르지만 어쩐지 꺼리는 마음이 생깁니다.

경수가 했던 행동과 말이 병이었나 생각해 보았습니다. 심하긴 했지만 병이라 말하긴 어렵습니다. 하지만 경수는 병원에 다녀와서 약을 먹습니다. 약을 먹으면서 달라집니다. 달라져서 제가 편해지기도 하고 동무들도 편해졌습니다. 경수는 어떤지 잘 모르겠습니다. 할머니 말씀으론 경수가 그러기를 원했답니다.

경수의 말과 행동, 경수의 마음은 타고난 것입니다. 또한 여태 살아오면서 만들어진 것이기도 합니다. 짧은 시간이지만 경수의 삶이 담긴 것입니다. 경수는 처음부터 욕을 하지는 않았지만, 그러지 않고서는 참기 힘든 것이 경수 마음속에 있었습니다. 욕을 하면서 삭혀야 했고, 거친 행동으로 드러내기도 했습니다. 이제 경수는 작은 일에 화를 내지 않는 아이가 되었습니다. 그래서 좋아졌다고 해야 하는지 저는 잘 모르겠습니다. 그저 안타깝습니다.

 제가 잘못해서 그런 것 같습니다. 조금 더 마음을 쏟았더라면 싶은 마음이 듭니다. 조금 더 다정하게 말했다면 좋았을 것 같습니다. 몸은 편해졌는데 마음이 불편합니다. 어떻게 해야 할지 모르겠습니다.

2016년 6월 28일

함께 살아가려면 서로 돌봐 줘야 합니다

"자기 앞가림을 잘 못하는 아이건 어른이건 부족하고
모자란 곳이 보이면 서로 돌봐 줘야 하지요.
그래야 함께 살아갈 수가 있습니다."

비가 많이 옵니다. 하늘을 올려다보니 새까맣게 구멍이 뚫린 것 같습니다. 천둥 벼락도 칩니다. 무섭습니다. 학교 앞 개울도 싯누런 흙탕물이 넘실거립니다. 건너편 둑을 넘을 것처럼 무섭게 불어났습니다. 쌓였던 쓰레기들을 모두 훑고 내려갈 것입니다. 물은 흘러서 대성리로 갔다가 북한강, 한강을 거쳐서 바다로 들어가겠지요.

오늘도 우리 반 아이들 이야기를 하게 될 것 같습니다. 오늘 중간놀이 시간에 있었던 일입니다. 교실에 앉아서 예인이가 가져다준 호두를 씹고 있는데 은서가 어디서 똥냄새가 난다고 합니다. 은서 말에 다른 아이들도 똥냄새인지는 모르겠지만 이상한 냄새가 난다고 합니다. 가만히 맡아 보니 그렇습니다.

온풍기 밑을 쓸어 보았습니다. 온풍기 아래에서 우유가 썩어 갈 때 나는 냄새와 비슷했거든요. 온풍기 아래에서 쓰레기가 나오긴 했지만 냄새날 만한 것은 없었습니다.

근처 아이들의 책상 서랍도 뒤져 보았습니다. 서랍 속에서도 우유가 썩어 갈 수 있으니까 말입니다. 책상 서랍 속도 문제없었습니다. 그러다가 한 아이의 책가방이 눈에 들어왔습니다. 정리를 잘 안 해서 책상 주위에 늘 쓰레기가 떨어져 있는 아이입니다. 착하고 순하지만 공부를 설렁설렁해서 야단을 맞곤 했습니다. 그냥 '승아'라고 부르겠습니다.

승아의 가방은 며칠 전부터 부풀어 있었습니다. 공부 시간에 얼핏 보긴 했지만 준비물이겠거니 싶었습니다. 그냥 지나친 것이지요. 그러다가 오늘 승아 가방을 열어 보았습니다.

가방을 열자마자 냄새가 코를 찌릅니다. 가방 안에 터진 우유갑이 있었습니다. 한두 개가 아닙니다. 하나하나 꺼내 보는데 스무 개가 넘습니다. 우유갑에서 흘러내린 썩은 우유가 오래된 안내장과 섞여서 범벅이 되어 있습니다. 책가방 바닥에도 찐득하게 붙어 있습니다. 곰팡이도 피었습니다.

다른 아이들도 놀라서 지켜봅니다. 코를 싸매고 뭐라 뭐라 합니다. 승아는 눈물을 흘리면서 어쩔 줄 모릅니다. 마침 과학 시간이라 아이들을 과학실로 보내고 승아와 둘이서 책가방 정리를 합니다.

안에 있는 것들을 꺼내 보니 모두 쓸 수 없을 것 같습니다. 연필도 지우개도 지갑도, 승아가 자주 가지고 놀던 인형도 꺼내서 모두 버렸

130

습니다. 텅텅 비우고 수돗가에 가서 가방을 헹궜습니다. 대충 냄새를 빼고 물이 빠지게 널어 두었습니다.

"승아야, 집에 가면 가방 빨아야 돼. 아빠가 빨아 주시니?"

승아는 언니가 빨아 준다고 말합니다. 그러면서 웁니다. 왜 우냐고, 이제부터 정리 잘 하라고 했더니 냄새나서 아이들이 놀릴 거라고 걱정합니다. 놀리면 선생님이 혼내 줄 거라고 잘 달래서 과학실로 보냈습니다.

냄새 밴 손을 씻고 교실에 가 앉았는데, 참 기가 막힙니다. 한심하기 짝이 없습니다. 이러고도 내가 선생인가 싶습니다.

승아는 아빠와 함께 살아갑니다. 위로 오빠와 언니가 있지만 고등학생이라 자기 일로 바쁩니다. 엄마는 따로 나가서 살고, 아빠는 하루 종일 가게 일로 정신이 없습니다. 3월에 가정 방문을 갔을 때도 싱크대에 치우지 못한 음식이 남아 있었지요. 승아는 선생님이 놀러 온다고 이리저리 치웠지만 방도 어지럽긴 마찬가지였습니다.

누군가 돌봐 줄 사람이 필요하다고 수첩에 써 놓았던 것 같습니다. 바빠서 돌봐 줄 사람이 없으면 선생인 나라도 챙겨 줘야 할 것 같았습니다. 그냥 그런 생각만 했던 것이지요.

3월이 지나고 승아에게 자꾸 잔소리를 하게 되었습니다. 종이를 아무 곳에나 흘린다고, 우유를 먹고 갑을 바닥에 버린다고, 책상 서랍이 엉망이라고 잔소리를 했지요. 한 번도 나서서 도와주거나 정리하는 방법을 일러 주지 않았습니다. 말로만 시켰습니다.

어쩌면 승아는 내 잔소리가 듣기 싫어서 가방에 우유를 넣었을지도 모르겠습니다. 가방은 닫아 놓으면 모르니까 말입니다. 먹고 난 우유갑도 먹지 않은 우유갑도 그렇게 승아 가방에 쌓여 썩어 가고 있었지요.

다른 곳 선생님들 앞에서 이야기를 할 때가 많습니다. 공부가 어떻고, 아이들 삶이 어떻고, 문학이 어쩌고저쩌고 떠듭니다. 가르치는 것보다는 함께 살아가는 것이 더 먼저라고 소리 높이기도 했습니다. 그렇습니다. 함께 살아가는 것이 먼저입니다.

함께 살아가려면 서로 돌봐 줘야 합니다. 자기 앞가림을 잘 못하는 아이건 어른이건 부족하고 모자란 곳이 보이면 서로 돌봐 줘야 하지요. 그래야 함께 살아갈 수가 있습니다. 아이들과 함께 영화 만든다고 여기저기 자랑이나 하면서 저는 부풀어 가는 승아 가방을 열어 보지 못했습니다. 뻥 하고 터져야지 돌아봐 주었겠지요. 그러고도 함께 살아가는 것이 먼저라고 입으로만 떠듭니다. 기가 막힙니다.

우리 반에는 보살펴야 할 아이들이 있습니다. 부모님이 보살펴 주면 좋겠지만 그렇지 못한 아이들입니다. 부모님이 어디론가 떠났거나 바쁘거나 자주 만날 수 없는 아이들입니다. 그 아이들에게는 가르치는 것 말고 살펴야 할 것이 있습니다.

저도 3월에는 가정 방문을 하니까 아이 이야기도 들어 보고 살갑게 대합니다. 그러다가 차차 익숙해지면 보살펴지는 않고 잔소리를 합니다. 선생이라고 믿었을 텐데 이만저만 배신이 아닐 것입니다. 승아도 그렇게 느꼈겠지요.

방금 승아에게 했던 약속이라도 지켜야 할 것 같습니다. 아이들이 놀릴까 봐 걱정하는 승아에게 그러면 선생님이 혼내 주겠다고 했던 약속 말입니다. 그마저도 제대로 지킬 수 있을지, 참 제가 봐도 제가 걱정입니다.

2016년 7월 5일

이 막막함을 오래 기억하고 싶습니다

"아이가 먼저 다가오지 않았다면
내가 먼저 다가가서 이야기를 걸어야 했습니다.
그저 별 탈 없으니 그냥 놔둔 것일지도 모릅니다.
나쁘지는 않지만 무관심한 선생님이지요."

여름 방학이 얼마 남지 않았습니다. 어느새 그렇게 되었습니다. 시간 가는 줄 모르고 있다가 메신저 창을 보고 깨닫습니다. 방학 즈음이 되면 이것저것 내라는 것이 많아서 그렇습니다. 잊어버릴까 봐 달력 수첩에 적어 둡니다.

며칠 전부터는 틈틈이 아이들 성적을 매깁니다. 아이들을 3단계로 나누어서 무리를 짓습니다. 그렇게 무리를 짓고 나면 하나하나 살아 있는 모습들은 사라지고 부족하고 못난 것이 보입니다. 선생이 이래도 되나 싶지만 다른 방법이 없습니다. 선생이라면 누구나 해야 하는 모양입니다.

그게 다 끝나고 나면 말로 써 줍니다. 이때부터가 시간이 많이 듭니다. 그래도 이건 재미가 있습니다. 교과 시간에 무엇을 공부했는지 하나하나 써 줍니다. 마을 산책을 재미나게 했다는 이야기, 영화 만들 때 감독을 맡았다는 이야기, 글씨가 많이 반듯해졌다는 이야기를 씁니다. 그때 썼던 시가 마음에 닿았다는 이야기도 합니다.

동무들과 있었던 일도 씁니다. 아침에 오면 책가방 던지고 축구하러 나간다는 이야기, 땀에 흠뻑 젖었다는 이야기도 씁니다. 지난번에 선생님이 혼내서 미안했다는 이야기도 합니다. 선생님 가방을 들어 준 이야기, 동무들 공부를 도와준 이야기까지 쓰다 보면 길어집니다. 어떨 때는 이야기가 너무 길어서 아예 저장이 안 되기도 했습니다. 처음에는 왜 저장이 안 되는지 몰라서 애를 먹었습니다. 그럴 때는 한 줄 덜어 내고 나서 저장을 하면 된다는 걸 나중에 알았지요.

주저리주저리 쓰면서 아이를 다시 되돌아봅니다. 그런 일이 있었지, 하고 생각합니다. 그럼 그 아이가 다시 살아납니다. 그때 장면이 떠오르고 나와 아이가 끈으로 이어졌다는 생각이 듭니다. 이야기가 삶을 흉내 내는 것이라 그런 것 같습니다.

그렇게 써 나가다가 어떤 아이에 이르러서는 딱 막힐 때가 있습니다. 교실에서 있었던 장면을 떠올려 한 줄 쓰고, 함께 나눈 이야기도 한 줄 쓰고, 가정 방문 갔을 때 나눈 이야기를 한 줄 쓰고 나면 더 쓸 것이 없을 때가 있습니다.

답답합니다. 아이 공책을 뒤져서 이야기를 생각해 내고, 다른 동무들에게 물어도 보면서 어찌어찌 다 채워 쓰기는 하지만, 미안합니다. 좁은 교실에서 반년을 함께 살았는데 겨우 몇 줄, 써 줄 말이 없는 게 말이 되나 싶습니다.

의미 있게 나눈 이야기라도 있으면 생각이 날 것이고, 하다못해 야단이라도 쳤으면 떠오를 텐데…. 그 많은 공부 시간과 그 많은 쉬는 시간을 나는 뭐 하며 보냈나 싶습니다. 아이가 먼저 다가오지 않았다면 내가 먼저 다가가서 이야기를 걸어야 했습니다. 그저 별 탈 없으니 아이를 그냥 놔둔 것일지도 모릅니다. 나쁘지는 않지만 무관심한 선생님이지요.

생각해 보면 저의 어린 시절 선생님들도 비슷비슷했습니다. 나쁜 선생님은 아니었습니다. 저에 대해 알지 못하고 알려고 하지도 않았지요. 바빴을 것입니다. 가끔 머리를 쓰다듬어 주는 분도 계셨지만, 그런 분은 몇 해 걸러 한 분 만나기가 어려웠습니다. 초등학교 6년 동안 선생님과 단 둘이 이야기를 나눈 기억이 별로 없습니다. 뭐라고 탓하는 것은 아닙니다. 저도 다를 바가 없습니다.

3월에 선생님들께 편지를 보내면서 경수 이야기를 했습니다. 한 아이만 마음을 더 살펴 주면 안 되지만 그러겠다고 쓴 것 같습니다. 그 뒤로 몇 번인가 더 경수 이야기를 썼습니다. 경수에 관해서는 그렇게 쓸 말이 많았는데, 다른 아이에게는 통지표에 몇 줄 써 주는 것조차 힘들어합니다. 부끄럽고 미안합니다.

경수에게 마음이 더 가는 것은 어쩔 수 없지만 조용하고 말이 없는, 말썽 피우지 않는 아이들에게도 다가갔어야 했습니다. 머리를 쓰다듬어 주고 가끔씩 내 자리로 불러서 이야기도 나눠야 했지요. 같이 어울려 놀기라도 했더라면 좋았을 것 같습니다.

오늘도 시간이 나면 통지표에 이야기를 쓸 것입니다. 가끔 막히기도 하겠지요. 막막한 기분이 될 것입니다. 그나마 아직 한 학기가 남아서 다행입니다. 내가 바뀔 수 있을지는 모르겠지만, 이 막막함을 오래 기억하고 싶습니다.

2016년 7월 12일

3부

가을

이제 가을입니다

"이제 긴팔을 입는다. 가을이다."

여름 방학이 끝났습니다. 방학에는 남쪽에 있는 고향에 갔다가 강산배움터 여름 연수도 다녀오고, 강원도 고성 바닷가도 다녀오고, 연구소 식구들과 이오덕학교가 있는 충주 고든박골에도 다녀왔습니다. 고든박골에서 이오덕 선생님 무덤에 인사를 올리고, 바로 옆 무너미에 있는 이오덕 선생님 살던 곳도 돌아보았습니다.

그곳 학교에서는 5시 30분에 일어난다고 해서 어쩔 수 없이 우리도 그때 일어났는데, 새벽안개 속에서 아이들이 염소, 닭, 거위, 오리에게 밥을 주고 있었습니다. 큰 아이들은 낫을 들고 다 따 먹은 옥수수자루를 베고, 작은 아이들은 그것을 우리 안으로 넣어 주었지요. 그러면 염소나 닭 같은 동물이 소리를 내면서 우우 몰려왔다가 몰려가곤 했습니다. 학교 느낌이 안 들고 함께 살아가는 마을 같아 보여서 낯설었습니다.

사람은 모여서 사는 모둠살이를 해야 하고, 모둠살이를 하려면 함께 일도 하고, 함께 노래도 부르고, 함께 놀기도 해야 할 것입니다. 그렇게 너나없이 함께하는 곳에 배움이 있고 나눔이 있지 않을까 싶었습니다. 그런데 내가 몸담은 학교, 내가 배우고 가르치는 교육에서는 배우는 사람이 따로 있고 가르치는 사람이 딱딱 정해져 있습니다. 배우고 가르치는 일이 앞장서서 나오고 다른 일들은 별로 중요해 보이지도 않습니다.

그게 나쁘다, 좋다 이야기하려는 것이 아니라 여태 그런 학교에서만 살았고, 그런 것이 학교라고 머릿속에 굳어져 있어서 다른 생각을 하지 못했다는 이야기를 드리고 싶습니다. 학교를 바꾸는 일도, 제대로 된 교육을 하는 일도 배우고 가르치는 일 속에 길이 있다고 생각을 했지요.

이오덕 선생님, 김수업 선생님 책을 읽으면서 가르치고 배우는 일보다 삶을 나누는 것이 먼저다 생각을 했지만, 내가 살고 있는 교실에서는 여전히 배우고 가르치는 일이 앞장을 섭니다. 책을 읽으면서도 그분들이 말한 것이 무엇인지 알 듯 모를 듯했지요.

그러다가 이오덕학교에서 딱 한 번, 새벽일 하는 모습을 보며 마음을 세게 잡아끄는 것이 있었습니다. 좋은 것을 보거나 들어도 좀체 놀라지 않는데, 딱 한 번 본 것 가지고 호들갑을 떠는 것 같아서 저도 제게 좀 놀랐습니다. 이게 삶을 나누는 것 아닐까, 일과 놀이를 앞장세워서 함께 가야지 거기서 노래도 나오고 이야기도 나오지 않나, 언뜻 그런 생각이 들었습니다.

일과 놀이가 앞장서려면 '함께'가 되어야 합니다. 일도 함께 살기 위해서 하는 것이고, 놀이도 함께 어울리기 위해서 하는 것이니까 말입니다. 그렇지만 살다 보면 '함께'가 되지 않을 때가 많습니다. 일을 시키는 사람이 따로 있어서 일도 하는 사람만 하고, 놀이를 할 때도 놀이의 종류나 노는 사람이 따로 정해져 함께 어울리지 않습니다. 다들 놀 때 놀지 못하고, 일할 때 일하지 못하니까 '따돌림'이 생겨납니다.

내가 살고 있는 교실도, 학교도 '함께'보다는 '따돌림'이 더 많습니다. 학교에서 무슨 일을 할 때도 아이들 이야기는 따돌리고 듣지 않는 경우가 많고, 선생들 이야기 또한 듣지 않고 따돌리곤 합니다. 교장 선생님이나 교감 선생님 같은 분들 몇 명이 일을 만들어서 시키면, 선생이나 아이들이 그 일을 합니다. 시키는 사람과 일하는 사람이 따로 있습니다. 민주주의가 안 됩니다. 민주주의는 함께 일하고 함께 이야기를 나눌 때 생겨나니까요.

방학이 끝나고 개학을 했습니다. 방학을 시로 표현해 보라니까 한 아이가 이렇게 썼습니다.

이런!

박민준(1학년)

여름 방학이 끝났다.
나는 방학으로 돌아가고 싶다.

공부가 싫다.

또 다른 아이는 이런 시를 썼습니다.

여름 방학

이연경(1학년)

나는 방학 때 집에만 있었다.

엄마는 회사에 가고

나는 혼자다.

완전 좋았다.

학교라는 곳에 들어온 지 겨우 다섯 달 되고 방학을 했는데, 벌써 공부가 싫어서 방학으로 돌아가고 싶다고 썼습니다. 봄에는 학교 오는 게 재미있다고 하더니 방학 때 쉬어 보니까 그게 아닌 모양입니다.

연경이 시를 읽고도 놀랐습니다. 아무도 없어서 쓸쓸했다고 쓸 줄 알았는데, "완전 좋았다."고 썼습니다. 연경이도 저처럼 자유가 그리웠나 봅니다. 연경이에게 혼자 있으면 왜 좋냐고 물었더니, 시키는 잔소리를 듣지 않아서 좋다고 합니다. 집에서도 시키는 사람이 따로 있구나 싶었습니다.

2학기 첫 수 놀이 시간입니다. 2학기 때 어떻게 배울지 이야기를 나눴습니다. 몇몇 아이가 손을 들고 이렇게 저렇게 공부를 하자 하면, 내가 칠판에 씁니다. 다 이야기하면 나온 이야기에 대해 이야기를 더 나누고 좋은 것에 손들어서 많이 나온 것대로 공부합니다. 아이들 스스로 정한 것이기 때문에 아이들도 잘 지키고 저도 정한 대로 지키려고 애를 씁니다. 아이들이 저에게 한 말입니다.

어려운 것은 하지 말고 쉬운 것을 하자.
재미있는 놀이를 하면서 수 공부를 하자.
가끔씩 운동장에 나가서 공부를 하자.
먼저 공부가 끝난 아이들은 못하는 아이들을 가르쳐 주자.
모르는 것이 있으면 동무들에게 물어보자.
수 놀이 만화책이나 그림책도 보자.

물론 저도 알고 있는 이야기였습니다. 교과 공부에는 위계가 있으니까 차근차근 공부해야 한다는 말이고, 공부를 스스로 할 수 있도록 놀이처럼 하자는 것이고, 장소를 달리하며 직접 찾아가서 공부를 하자는 말이고, 서로 나누면서 공부를 해야 더 깊이 배운다는 말이고, 이야기로 공부를 하면 더 잘된다는 말이지요.

그런데 저는 그런 이야기를 저만 알고 있고 아이들은 잘 모른다고 생각을 합니다. 말로는 '아이들에게 배운다.', '학습자 중심 수업'이라고 하지만, 선생인 내가 아이들보다 잘났다는 생각이 뼛속 깊이 들어가 있어서 쉽게 생각을 바꾸지 못합니다.

오랜만에 1학년 아이들을 맡았습니다. 1학년 아이들이 뭘 아나 우습게 보는 마음도 있었습니다. 아이들이 돌아가고 난 뒤 아이들이 한 말을 받아쓰면서 다시 깨달았습니다. 아이들도 다 알고 있구나, 1학년 이지만 공부를 어떻게 해야 하는지, 어떻게 하면 교실에서 함께 살아 갈 수 있는지 잘 알고 있구나 싶었습니다.

나도 알고 있지만 아이들 이야기를 듣고 정하면 더 좋을 것 같습니다. 그래야 아이들이 공부에서 따돌림당하지 않고 함께 해 나갈 수 있을 것 같습니다. 교실에서도 나 혼자보다는 '함께'가 훨씬 편하고 좋을 것 같습니다.

오늘 우리 반 아이 하나가 지점토로 무얼 만들고 싶다며 지점토 하나 주면 안 되냐고 하길래, 평소와 달리 통 크게 "그래, 가져가라!" 했습니다. 지점토 가져가는 아이 뒤에다 대고 "야, 넌 엄마가 좋니, 아빠가 좋니, 선생님이 좋니?" 하고 장난스레 물었습니다. 아이가 씩 웃으면서 선생님이 좋다고 합니다. 그 옆에 있는 아이 하나도 "나도 그런데~" 합니다.

거짓말인 줄 알지만 기분이 좋아집니다. 정말 좋은 선생님이 된 것 같습니다. 국어책에 보면 상황에 맞는 인사말 하기가 있는데, 우리 반 아이들은 상황에 맞는 거짓말 하기도 참 잘합니다. 선생님이 거짓말을 잘해서 그런가 봅니다.

오늘 새벽에는 좀 서늘했습니다. 아침에 일어나니까 코가 맹맹합니다. 자전거를 타고 학교에 오면서 내리막길을 달릴 때는 반팔 옷 때문인지 팔뚝이 차가워졌습니다. 이제는 가을인가 봅니다. 오래전에 우리 반 아이 하나가 쓴 시가 생각납니다. 그때도 1학년 담임이었습니다.

가을

○○○(1학년)

이제 긴팔을 입는다.

가을이다.

며칠만 있으면 긴팔을 입어야 할지도 모르겠습니다.

2015년 8월 28일

따뜻한 차를 마셨습니다

"우리는 늘 더 많은 것을 얻으려고만 애쓸 뿐,
적은 것에 만족하는 법은 배우려 하지 않을까?"

하늘이 더 높고 깊어졌습니다. 아이들을 집에 보내 놓고 아득한 하늘을 쳐다볼 때가 있습니다. 가만히 보고 있으면 거기 빨려 들어갈 것 같습니다.

아침에는 자전거를 타고 오는데 머리를 제대로 말리지 않아서 그런지 머리카락이 쭈뼛쭈뼛 서는 듯했습니다. 자전거 속도를 내려는데 하도 차가워서 브레이크를 잡고 내리막을 달렸습니다. 학교에 오면 늘 흐르던 등줄기의 땀도 오늘은 느껴지지 않았습니다. 가을이라서 그런가 봅니다.

월요일 아침마다 아이들과 차를 마시는데, 여름 내내 마시던 매실차가 이젠 차갑다는 아이들이 있어서 오늘은 따뜻한 국화차를 끓여 마셨습니다. 아이들 컵 속에 뜨거운 꽃 한 송이씩 피었습니다. 홀홀 불어 가며 마시다가 내친 김에 '가을'을 글감으로 글을 써 보았습니다.

가을

박기범(1학년)

가을은 좋다.
더울 때 바람이 불어서
시원하게 해 준다.

가을이 되면 가장 빨리 바뀌는 것이 바람의 온도입니다. 그걸 기범이가 잘 찾아냈구나 싶었습니다. 여름 바람은 아무리 세게 불어도 축축한데 가을바람은 마르고 점점 차가워집니다. 내일은 오늘보다 더 시원한 바람이 불 것입니다.

지난주까지는 공부를 하나도 안 하고 아이들과 함께 2학기 계획을 짰습니다. 어떤 것을 공부하고, 무엇을 하면서 놀고, 찾아서 할 일이 어디 있는지 살폈습니다. 지난 주말에는 아이들과 나눈 이야기를 글로 적어서 부모님께 보내 드렸습니다. 그러니까 2학기 공부는 오늘부터 제대로 시작하게 된 셈입니다.

이번 주 할 일은 허수아비 만드는 일입니다. 정근이 할아버지 논벼가 하루가 다르게 고개를 숙입니다. 알이 차서 그렇습니다. 아이들은 참새가 날아와서 낱알을 따 먹을지도 모른다면서 허수아비를 심어 놓자고 하더군요. 허수아비는 한 번도 만든 적이 없어서 살짝 걱정이 되었습니다. 낮에 아이들과 함께 나뭇가지를 주워서 허수아비를 만들었는데, 내일부터는 진짜 허수아비를 만들기로 했습니다.

오후에는 몇 집에 전화를 걸어서 볏짚이 있는지, 긴 장대가 있는지 물어보다가 나중에는 전체 문자를 보내서 낡은 옷을 하나씩 보내 달라고 부탁했습니다. 오늘 전화를 한 덕분에 수요일에는 물건이 준비될 것 같습니다. 그것으로 어찌어찌 만들기는 할 텐데, 농협 뒤 정근이 할아버지네 논까지 걸어갈 생각을 하니 그것도 아득합니다. 아침에 학교 오자마자 가면 점심시간이 되어서야 돌아올 것입니다.

가을에는 선선해서 책 읽기도 좋습니다. 저는 이것저것 책을 많이 주문해 두었다가 시간 날 때마다 빼서 읽습니다. 지난주에는 연구소에서 함께 읽고 있는 이오덕 선생님 책도 읽고, 공선옥의《내가 가장 예쁠 때》라는 좀 오래된 소설도 읽었습니다.

이번 주부터는 이윤옥 선생님께서 보내 주신《창씨 개명된 우리 풀꽃》과 소로의《월든》을 읽고 있습니다. 지난번 연수에서 이윤옥 선생님이 '개불알꽃'이 일본말을 그대로 번역한 말이라고 해서 좀 놀랐는데, 이 책을 읽어 보니까 대부분 들꽃 이름이 일본에서 온 것이었습니다. '쇠별꽃'같이 예쁜 풀꽃 이름도 일본에서 왔다고 해서 사람들에게 이야기를 해 주었습니다. 모르면 몰랐겠지만 알고 보니 우리 풀꽃도 일제 강점기를 어렵게 건너온 모양입니다. 안타까웠습니다.

저는 여기 물골안에 들어온 지 일곱 해가 되었습니다. 전세지만 아내, 아이들과 함께 삶터를 옮긴 지도 네 해 반이 넘었습니다. 대학을 졸업하고 나서 2년마다 집을 옮기며 떠돌아다녔는데, 이제는 좀 뿌리를 내리고 싶었습니다. 이곳 물골안에 와서는 지난해부터 마을드림비(마을 사람이 되었다고 내는 돈입니다.)도 내고, 터도 얻어서 집을 지으려고 마음을 먹었습니다. 올봄부터 집 짓는 준비를 하고 있는데, 이제 며칠 뒤면 터 파기를 하게 될 것 같습니다.

집을 짓는 일이 늘 마음에 부담이었습니다. 지난겨울, 권정생 선생님이 사셨던 빌뱅이 언덕에 갔다 와서는 집을 짓지 말자 생각까지 했지요. 이철수 선생님을 만나서 이야기를 나누었는데, 그건 권정생 선생님이니까 그렇게 산 것이고 우리는 또 우리대로 살아야 하지 않나 말씀을 하셔서 마음이 좀 편해졌습니다. 욕심을 내어도 되겠구나 싶었지요.

《월든》은 자꾸 욕심내는 마음을 좀 누그러뜨리려고 읽기 시작했습니다. 소로는 그 책에서 물어봅니다. "원주민은 적은 비용 덕분에 제 집을 갖고 사는데 소위 문명인이라는 우리는 그 비용을 감당할 여유가 없어 남의 집에 세 들어 살고 있지 않은가?" 하고 묻고, "우리는 늘 더 많은 것을 얻으려고만 애쓸 뿐, 적은 것에 만족하는 법은 배우려 하지 않을까?" 또 묻습니다. 저는 대답하기가 좀 어렵습니다. 이 책은 조금 천천히 읽으려고 합니다. 다 읽을 때쯤 집도 다 지을 것 같습니다.

아이들과 재미나게 가을을 맞으시기 바랍니다.

2015년 9월 8일

길을 돌아보았습니다

"삶에서 가장 빛나던 때는 언제인지 궁금합니다.
아무런 대가 없이 사람을 사랑한 때는 언제였는지,
마음속에 희망을 품었던 적은 없는지,
지금은 무엇이 두려운지…."

이제 9월도 절반이나 지났습니다. 지난주 편지에서 자전거를 타고 내리막길을 달리면 차갑다고 썼습니다. 이번 주부터는 추워서 긴팔 운동복을 하나 더 걸치고 집을 나섭니다.

학교 가는 오솔길에서 할머니들을 많이 만납니다. 가방을 메고 다니며 산밤을 줍느라 그렇습니다. 도토리도 많이 떨어지는데, 학교 거의 다 오면 돗자리에 내다 말리는 집들이 보입니다. 그렇게 물골안 가을이 깊어 갑니다.

지난 편지에서 재미나게 가을을 맞으시기 바란다고 썼습니다. 몇 분 선생님들께서 시간을 내어 가을맞이 소식을 편지에 담아 주셨습니다. 자전거를 타고 학교를 다니시는 선생님께서 반갑다고 연락을 주셨고, 학교에 바람개비를 달았다고 알려 주시기도 하였습니다. 《아직도 가야 할 길》을 읽고 있다고 책을 알려 주신 분도 있습니다.

편지를 읽으니까 선생님들 모습이 떠올랐습니다. 내리막 오솔길을 페달을 밟으며 달려가는 선생님 모습도 떠오르고, 혼자 책을 읽으며 게으름과 두려움에 대해 생각하는 어떤 선생님의 모습도 떠올랐습니다. 빌뱅이 언덕을 다녀오셨다는 선생님 편지를 읽고는 툇마루도 없는 그곳 집이 떠올랐습니다. 다들 멀리 있지만 이렇게 편지를 나누다 보면 삶도 나눌 수 있지 않을까 혼자 생각을 해 보았습니다.

주말에는 충북 영동을 다녀왔습니다. 갈 때는 세 시간 정도 걸렸는데 올 때는 여섯 시간이나 걸렸습니다. 거기서 후배가 결혼식을 올렸습니다. 오늘은 그 후배 이야기를 해 보려고 합니다.

저는 대학 시절 학생 운동을 했습니다. 벌써 20년도 더 된 이야기라서 가물가물하지만, 그때 참 많은 일이 있었습니다. 군대를 마치고 학교에 돌아와 보니 마음을 붙이기가 어려웠습니다. 선배들은 졸업해서 어디론가 흩어지고, 후배들은 저와는 다른 것들을 고민하고 있었습니다. 그러다가 학교 안에서 모임을 만들고 후배들을 모아 이런저런 일을 했습니다. 공장 앞에서 신문도 돌리고, 집회가 있으면 가서 구호도 외치고, 여기저기 대자보를 써서 붙였습니다.

근처에 마산 창원 공단과 양산 공단, 울산 공단이 있어서 그쪽 노동조합에 계시는 분들과 만나서 공부도 하고 선거가 있으면 도와주기도 했습니다. 1학년 후배들도 모임에 들어와서 함께 일을 했는데, 무슨 조직 사건이 나서 1학년 후배 두 명이 교도소엘 가게 되었습니다.

그때 교도소에 갔던 후배의 결혼식에 다녀왔습니다. 그 후배는 그 때 교도소에 갔다가 나와서 다른 대학에 갔는데, 거기서도 국보법으로 교도소에 갔다는 소식을 들었습니다. 졸업도 못 하고 서울 근처에서 컴퓨터 파는 일을 하다 고향에서 농사를 짓기도 하고, 기술 대학에 가서 페인트칠을 배우기도 했다고 들었습니다. 그러다가 몇 년 전에 부산교대에서 다시 학생으로 받아 준다고 해서 지난해 졸업을 하고 올해 발령을 받았습니다. 친구들보다 15년 늦게 발령을 받았지요.

지난겨울, 졸업을 한다면서 내가 사는 곳에 다니러 와서 술을 마시며 이야기를 나누었습니다. 어디에 가서 선생님이 되더라도 뜻 있는 곳에서 다시 만나 함께하자고 했습니다. 그때 선배 잘못 만나서 질러 갈 길을 돌고 돌아 간 것이 아닌가 싶었습니다. 내내 빚을 진 것 같고 안타까운 마음이 들었습니다.

결혼을 한다고 해서 혼자 차를 몰고 내려가는데 그때 생각이 많이 났습니다. 수배가 떨어져서 형사들 몰래 학교를 빠져나올 때 떨렸던 일, 밤기차를 타고 수원에 있는 아는 선배에게 후배를 맡기고 돌아오던 일이 생각났습니다. 모르는 집에 있는 것이 갑갑했던지 며칠 만에 부산에 내려왔다가 그날 자취방 앞에서 잡혀갔지요. 대공분실에 면회를 갔더니 수사하는 과장이 네가 김강수냐며 조심하라고 했던 것도 생각나고, 법원 앞에서 구호 외치다가 민변에 있던 여자 변호사가 짜증냈던 일이며 구치소로 면회를 갔던 일도 생각납니다.

부산 구치소에서 혼자 버스 타고 오는데 후배가 한 말 때문에 한없이 쓸쓸해졌던 일도 생각이 납니다. 대학 시절에는 시를 쓰기도 했는

데, 그날 돌아오면서 썼던 시가 있어서 찾아보았습니다. 〈봄〉이라는
시입니다.

오동나무에 물이 오르고 있다

눈부신 것들

중간고사가 시작되기 전 구속된 후배는 아직 돌아오지 않고

사람들은 결심한 듯 싹뚝

생각을 잘라 버렸다

가지 사이로 부실한 바람이 불어왔다

어린것들은 자주 빛을 잃었지만

행여 눈부신 희망을 가졌던가 우리

여기저기 터지는 최루가스 피해 달아나고

정면으로 날아와 꽂히는 날카로운 나뭇가지

희망은 때로 벼랑처럼 까마득하고

구멍이 숭숭 뚫린 두꺼운 유리벽 속에서

후배는 환한 미소를 지으며 투쟁!

투쟁이라고 어린 주먹을 들어 보였다

아아 마음만으로 벼랑을 건널 것인가

영동에 있는 결혼식장은 작았습니다. 결혼식 내내 구석에 서 있다
가 사진도 찍고 3층에 가서 갈비탕도 먹고 집으로 돌아왔습니다. 아이

를 낳고 돌잔치를 하게 되면 다시 보자고 했습니다. 여기까지 온 길을 돌아보니 까마득합니다. 그때 만났던 사람들, 그때 했던 말들, 어디에서 희망을 보았는지 세상을 뚫고 나가려 했던 것 같습니다. 그때 그 젊음들이 생각났습니다. 어떻게 여기까지 왔는지 눈물겨운 일이었습니다.

그때 일을 쓰다 보니 지금 내 모습은 어떤가 싶습니다. 꿈도 없고 열정도 없이 사는 건 아닌지, 손톱만큼 가진 것이라도 놓치지 않으려는 기성세대가 되어 버린 건 아닌지, 이대로 늙어 가는 건 아닌지… 모르겠습니다.

선생님들 삶에서 가장 빛나던 때는 언제인지 궁금합니다. 아무런 대가 없이 사람을 사랑한 때는 언제였는지, 마음속에 희망을 품었던 적은 없는지, 지금은 무엇이 두려운지… 그런 이야기를 나누다 보면 가을밤이 깊어 갈 것 같습니다.

저는 오늘 모임이 있습니다. 마치고 술 한잔 나누면서 그런 이야기를 해 보려고 합니다. 이런 이야기라도 들어 줄 수 있는 동무들이 거기에 있을 것 같습니다.

2015년 9월 15일

목숨 같은 일입니다

"들판에서 농사짓는 사람들을 보다가
내가 하는 일을 돌아봅니다.
나는 누군가의 입에 들어가는
목숨 같은 일을 하는지 말입니다."

한가위가 일주일도 안 남았습니다. 저는 아버지가 돌아가신 뒤로 청주에 있는 형님네에 갑니다. 차례를 지내자마자 쉴 틈도 없이 돌아오는데, 다들 그때 움직이는지 차가 많이 막힙니다. 집에 도착할 즈음이면 해가 져서 뒷산 위로 둥그런 달이 떠 있습니다. 한가위 때 보는 달은 남다릅니다. 크고 밝아서 가만히 보고 있으면 내 마음을 만져 줄 것만 같습니다. 그래서 다들 한가위 달에게 소원을 비나 봅니다. 저도 그 달을 보며 소원을 빕니다. 이루어지지 않아도 좋습니다. 희망을 품어서 뿌듯한 마음이 듭니다.

올해도 달이 떠오를 것입니다. 그때 선생님들은 어떤 소원을 말할지 궁금합니다. 소원을 빌고 나면 선생님들도 저처럼 뿌듯한 마음이 드시는지요? 이루어지지 못한 소원은 하늘로 올라갈 것 같습니다. 가끔 조용한 밤하늘에 두런두런 이야기 소리가 들리면 아마도 이루어지지 못한 소원이겠거니 생각을 합니다. 쓸쓸한 이야기입니다.

일요일은 주인아주머니네 텃밭에서 고추를 땄습니다. 누가 따라고 한 건 아닌데 매일 반찬을 얻어먹다 보니 뭐라도 해야겠다 싶어서 올해부터 시작한 일입니다. 여름에 고추를 따면 금세 땀에 젖습니다. 바구니 한가득 고추를 따서 그늘에 말렸다가 햇볕에 말렸다가 합니다. 그러면 빨갛게 잘 마릅니다. 가을이 깊어 갈수록 고추 따기가 쉽습니다. 날이 덥지 않아서 좋고, 고추가 얼마 안 남아서 조금만 따도 됩니다. 어제 따서 말렸으니 한가위 전에 한 번 더 따면 올해 고추 따는 일은 끝이 납니다.

가을 농촌에는 주로 거두는 일을 많이 합니다. 참깨도 거두어서 말리고, 조금 있으면 고구마도 캐고 들깨도 베어서 말릴 것입니다. 늦여름에 심은 배추와 무도 거두어서 김장을 담겠지요.

어제 고추를 따는 동안 아저씨는 털어 놓은 참깨를 까불렀습니다. 기계를 빌려 와서 했는데 참깨가 너무 가벼워서 잘 까불러지지 않는 것 같았습니다. 지난번에 참깨 벨 때도 거들었는데, 그렇게 베어서 말리고, 말려서 털고, 털고 나면 까불러서 모읍니다. 티끌을 다 덜어 내면 이제 참기름을 짜서 자식들이 올 때 한 병씩 내어 줄 수 있습니다.

장에 내다 팔 수도 있지만, 그걸 어디 아까워서 팔 수 있을까 싶습니다. 여름 내내 밭에서 김매고 물 주고 했던 일까지 생각하면 그만 아득해집니다. 직접 농사짓지는 않지만 옆에서 보는 것만으로도 한숨이 납니다. 아저씨께 왜 그렇게 힘들게 농사를 지으시냐고 물어보니, 땅이 있으니까 놀릴 수 없어서 짓는다고 합니다. 땅이 있는데 놀리면 죄가 된다고 하는 말이었습니다. 땅이 있어서 농사를 지으면 그 곡식은 누군가의 입에 들어가는 목숨이니까요.

아저씨처럼 들판에서 농사짓는 사람들을 보다가 내가 하는 일을 돌아봅니다. 나는 누군가의 입에 들어가는 목숨 같은 일을 하는지 말입니다. 많이 배웠다고 학교에서 아이들을 가르치는 선생이 되었지요. 날이 더우면 덥다고 에어컨을 켜고, 추우면 춥다고 히터를 켜 놓습니다. 아이들이 말을 잘 듣지 않으면 그걸 살펴볼 생각은 않고 짜증부터 낼 때가 있습니다. 그런 삶을 살고 있습니다. 선생을 하면서 누군가의 마음속에 못이나 박지 않으면 다행이다 싶습니다. 죄나 짓지 않으면 다행입니다.

가을이 깊어지면 그렇게 고추도 말리고 깨도 말립니다. 옥상에도 말리고, 골목길에도 말리고, 마당 한가운데 해 잘 드는 곳에다 말립니다. 모두 동네 할머니들 일입니다.

여기 물골안에 처음 와서 가르친 아이 하나가 고추 말리는 일을 시로 썼습니다. 할머니 이야기를 쓴 것이지요.

할머니

권○○(3학년)

우리 할머니는 정말 애쓴다.

새벽 4시에 일어나서

할아버지 진지 드시게 하고

나 깨우고 밥 주시고

내가 나가자마자 고추 따러 가신다.

하루 종일 땡볕에서 일하시고 집에 와서

저녁밥 만들어 놓고

내가 잘 때 같이 주무신다.

그때마다 눈물이 나올 것 같다.

요즘도 고추 말리는 모습을 보면 그 아이가 생각납니다. 내가 물골 안에 들어온 지 7년이 지났으니, 그때 3학년이던 아이는 중학교 3학년이 되었습니다. 키도 크고 잘생겼는데, 가끔 마주칠 때마다 부지런히 하면 된다고 말해 줍니다. 가겟방 앞에 나와 계신 할머니도 가끔 뵙습니다. 그때 다리가 아프다고 하셨는데 지금은 어떠신지 모르겠습니다. 아이가 장가가고 아이 낳을 때까지 오래오래 사시면 좋겠습니다.

지난번에 우리 반 아이들이랑 허수아비를 만든다고 했는데, 여섯 개를 만들어서 네 개는 연경이, 정근이, 은솔이 할아버지 논에 갖다 드렸고, 두 개는 학교 마당에 세웠습니다. 정근이와 연경이 할아버지 논은 학교 오는 자전거길 옆에 있어서 매일 봅니다.

오랫동안 물골안에 허수아비를 세우는 사람이 없었습니다. 참새가 무서워하지 않으니 안 세우는 것이지요. 옛날 사람들은 왜 허수아비를 세웠나 생각을 해 보았습니다. 이번에 허수아비를 만들면서 그런 느낌이 들었습니다. 가을을 같이 느끼려고 그런 게 아닐까? 같이 보려는 마음, 함께하려는 마음 때문이라고 혼자 생각을 했습니다.

올 한가위는 여럿이 함께 지내면 좋겠습니다. 목숨 같은 햇곡식도 나눠 먹고, 햇과일도 쪼개서 함께 맛보시기 바랍니다.

2015년 9월 21일

소리를 지르고 말았습니다

"한 발짝만 물러나서 보면
별것 아닌 일이 될 때가 있습니다.
속도 때문에 앞만 보고 가서 그런 것 같습니다."

가을이 더 깊어졌습니다. 추워서 이번 주부터는 자전거를 타지 않기로 했습니다. 차를 타고 학교에 가니 빨리 가서 좋지만 주위를 잘 둘러보지 않게 됩니다. 도중에 멈춰 서지도 않고, 하늘도 땅도 보지 않습니다. 내내 앞만 보고 갑니다. 그러고 보니 속도는 원래 그런 게 아닌가 싶습니다. 한쪽으로만 눈길을 보내게 합니다. 하늘도 땅도 사람도 보지 않고, 그저 길만 보게 합니다.

학교에서도 앞만 보고 갈 때가 많습니다. 지난주부터 우리 반 아이 하나 때문에 어떻게 하나 걱정이 되었습니다. 타일러도 안 듣습니다. 안 된다고, 다른 아이와 다르게 할 수는 없다고 고개를 저어도 제 하고 싶은 대로 고집을 부립니다. 1학년 입학하자마자 오빠들 이름에 오

161

르내리더니, 이제는 선생님들도 모두 그 아이를 잘 압니다. 귀엽기도 하고, 야단치면 눈물을 찔끔거리기도 합니다. 당돌할 때도 있지요. 그런 아이 이야기입니다. 다른 이름이 있는데, 그냥 '보미'라고 부르겠습니다.

우리 선생님이 가장 좋다며 내내 제 옆에서만 밥을 먹으려고 했습니다. 다른 아이들도 모두 그러고 싶을 텐데 보미만 그렇게 하면 공평하지 않다며 일부러 다른 자리에 가기도 하고 야단도 치면서 하루하루를 버티고 있었습니다. 2학기가 되고 나서부터는 선생님 옆에 앉는다고 고집부리지 않아서 이제는 좀 나아졌나 생각도 했습니다.

지난주에는 보미가 밥 먹다가 뜬금없이 이제는 선생님을 좋아하지 않는다고 했습니다. 왜 그러느냐고 물었더니, 이제는 6학년 오빠가 좋다고 했습니다. 누가 좋냐고 했더니, 팝콘 오빠가 좋다고 합니다. 1학년에게 팝콘을 많이 나눠 줘서 붙은 별명입니다. 가끔 점심시간에 교실 앞에 와서 1학년과 놀아 주기도 합니다. 그 오빠가 마음에 들었던 모양입니다. 사랑은 움직이는 것이니까요. 저는 좀 섭섭하다고 말해 주었지요.

다음 날이 되었습니다. 점심시간에 밥을 먹다가 일어난 일입니다. 급식실에서는 보통 다른 반과 섞이면 못 먹고 서 있는 아이들이 있을까 봐 선생님들이 반별로 자리를 정해 줍니다. 먼저 들어온 반부터 정합니다. 그날은 우리 반이 먼저 들어와서 자리를 정하고 앉으려 하는데, 보미가 자꾸 자리에 앉지 않습니다. 저러다가 지나가는 아이에게 부딪혀서 식판을 엎을까 봐 걱정이 됩니다. "보미야, 얼른 자리에 앉

아. 왜 그래?" 하면서 다그치는데, 내 말은 듣지도 않고 쌩하니 다른 곳으로 갑니다.

마침 팝콘 오빠가 자리를 잡고 앉으니까 보미가 그 옆으로 가서 자리를 잡은 것입니다. 6학년 다른 아이들이 보미더러 저리 비키라고 하고, 나는 나대로 1학년 자리로 가자고 손을 끄는데 꼼짝도 하지 않습니다. 이러다가는 진짜 식판을 엎겠다 싶어서 6학년 아이들에게 보미가 그냥 앉도록 부탁을 했습니다.

보미는 결국 6학년 팝콘 오빠 옆에서 밥을 먹었습니다. 보미 얼굴이 얼마나 환해졌는지 모릅니다. 6학년 오빠는 동무들 앞에서 놀림을 당할까 봐 내내 아무 말도 못 하고, 보미는 신이 나서 밥도 잘 먹습니다.

전교생이 100명 남짓이라 점심시간 끝나고 온 학교에 소문이 났습니다. 그런 일은 금세 퍼지기도 하고 부풀려지기도 합니다. 보미가 좋아한다더라, 둘이 같이 밥을 먹었다더라, 양치질을 하고 돌아오니 2학년 선생님이 말해 주더군요. 둘이 사귄다는 소문이 돈다고 했습니다. 아이들도 선생님도 재미있는 일이었습니다. 저도 그랬지요. 그런데 우리 반 여자아이 몇몇의 표정이 좋지 않았습니다. 보미만 앉고 싶은 데 앉는다고 불평을 했습니다. 집에 갈 시간이 다 되었으니 내일 이야기하자면서 돌려보냈습니다.

오늘 아침, 보미 이야기를 나누었습니다. 이런저런 이야기를 하고 나서 선생님이 도저히 방법을 못 찾겠으니까 좋은 생각이 있는 아이들은 말해 보라고 했습니다.

"선생님, 보미를 유치원에 전학 보내도록 해요."

"야, 그건 너무 심하잖아."

"또 그러면 운동장에 세워 두세요."

"학교에서 벌을 주거나 때리면 선생님 잡혀간다."

"그냥 자기가 앉고 싶은 대로 해요."

"그래도 괜찮겠니? 보미만 그래도 괜찮겠어?"

그래도 된다는 아이가 있고, 그러면 절대 안 된다는 아이도 있어서 2, 3분 정도 마주이야기를 한 뒤 손들어 보게 했습니다. 그랬더니 많은 아이가 보미만 특별히 봐주면 안 된다고 손을 들었습니다. 맞는 말이지요. 그렇게 되면 보미는 다른 친구들과 어울리기 더 어려워질지도 모릅니다. 아이들과 잘 어울리고 학교에서 당당한 1학년이 되기 위해선 참아야 하는 것도 있으니까요.

손든 아이들 수를 세고 있는데 갑자기 보미가 손바닥으로 자기 이마를 때렸습니다. 몇 대고 자꾸 때리는 것입니다.

아… 그때 생각을 하면 또 마음이 급해집니다. 제가 화가 나서 소리를 지르고 말았습니다. 말도 제대로 못 하고 막 더듬으면서 1학년짜리 조그만 아이에게 소리를 질렀습니다. 왜 그러느냐고 소리쳤습니다.

교실 안이 얼어붙었습니다. 누구도 입을 열지 않습니다. 보미도 내 서슬에 질려서 그 자리에 멈추었습니다. 저도 그러는 제게 놀라서 멈추었습니다. 공부를 시작했지만 온몸에 맥이 풀렸습니다. 아이들도 건성으로 공부하고 놀다가 집으로 돌아갔습니다.

아이들을 보내고 나서 생각을 해 보았습니다. 아이가 자기 몸을 때리도록 몰아간 것이 누굴까? 교실에서 그런 권력을 가지고 있는 사람이 누굴까? 아무리 제가 좋은 뜻으로 그랬다 하더라도 저의 잘못을 덥기 어려웠습니다. 저는 문제를 해결하려고만 했지 아이의 답답한 마음은 생각하지 못했습니다. 속도 때문에 앞만 보고 갔으니까요. 어제 다른 아이들이 불만 가진 것을 보면서 어떻게든 이야기를 해서 풀어야겠다는 생각만 한 것입니다. 그나마 다행인 것은 보미, 그 아이가 집에 갈 때 나에게 웃으며 인사를 해 준 것입니다. 참 고마운 아이입니다.

살면서 많은 일을 하게 됩니다. 떠밀려 하는 일도 있고, 뜻이 굳세어서 꼭 해내고 싶은 일도 있습니다. 학교에서도 그런저런 일이 있어서 앞만 보고 갈 때가 있습니다. 다른 곳은 모르지만 학교에서는 그러지 말아야 하겠습니다. 손을 잡고 걸어야 하겠습니다. 그래야 아이들 마음을 살필 수 있을 것 같습니다.

아마 보미의 첫사랑은 얼마 지나지 않아 끝이 날 것입니다. 여덟 살 아이의 사랑이 다 그렇지 않을까 혼자 생각을 해 봅니다. 사랑 때문에 집을 나가겠다는 것도 아니고 급식실에서 옆에 앉고 싶다는 것뿐이었는데 조금만 더 참고 기다려 볼걸, 하는 생각도 듭니다.

한 발짝만 물러나서 보면 별것 아닌 일이 될 때가 있습니다. 속도 때문에 앞만 보고 가서 그런 것 같습니다. 내일은 아이들과 함께 학교 뒤 새로 생긴 놀이터에 나들이를 나가야 하겠습니다. 그곳 놀이터에 가만히 앉아서 아이들 노는 것을 한참 동안 지켜보고 싶습니다.

2015년 10월 21일

덧붙이는 말

어제 써 둔 편지인데 시간이 없어서 보내지 못했습니다. 몇 명씩 나눠야 해서 부치는 데도 제법 시간이 걸립니다. 그러니까 이 편지 속 이야기는 어제 있었던 일입니다.

비 온 뒤 땅이 더 굳어진다고, 오늘은 아이들과 잘 지냈습니다. 오늘은 6학년이 졸업 여행을 떠나서 급식실에서 앉는 문제도 생기지 않았습니다. 둘째 시간에는 학교 뒤 새로 생긴 놀이터에 가서 놀기도 했습니다. 편안해서 다행입니다.

올해는 작은 교재를 만들고, 그것으로 아이를 만나는 일을 부지런히 하려고 합니다. 오직 하나의 교과서로 온 나라 모든 아이가 똑같이 공부하는 것은 잘못되었다고 생각했습니다. 독재라고 생각했습니다. 바꾸기 위해서는 이렇게 할 수밖에 없다고 생각합니다. 서명을 하고 시위를 하는 것, 잘못 만들었다고 비난하는 것도 필요하지만 교실마다 다른 빛깔의 교과서로 공부를 하고, 그것을 서로 나누는 일이 더 필요합니다. 그렇게 한 사람 한 사람 실천하다 보면 국정의 두꺼운 벽도 무너질 것입니다.

온 나라 선생님들이 이지에듀를 돌려서 시간표를 짜는 일도, 3월이면 시간 수를 맞추느라 애를 먹는 일도, 하나의 평가지로 시험을 보는 일도, 온 나라의 모든 아이를 한 줄로 세우는 일도 하지 못하게 될 것입니다. 그런 세상을 꿈꿉니다.

나들이를 다녀왔습니다

"장사꾼 잇속 채우려고 현장학습을 가는 것 같습니다.

소풍이 현장학습이 되면서 더 그렇게 되었지요.

그 많은 돈을 걷어다가 장사꾼들 주는 게 맞나 싶습니다."

지난주에는 가을 나들이를 다녀왔습니다. 물골안 마을 뒷산으로 갔습니다. 이성계가 조선을 열고 나서 가끔 사냥을 하러 왔다는 곳입니다. 산이 크고 구비구비 신령스러워서 산신령이 살고 있을 거라 생각했답니다. 이성계가 산신제를 지냈다고 해서 '축령산'이라고 부릅니다. 지금은 자연 휴양림이 있어서 주말이면 관광버스가 많이 옵니다.

학교 앞 정류소에서 마을버스를 타고 갔습니다. 두 시간에 한 번씩 오는 버스입니다. 이 마을 저 마을 구불구불 버스를 타고 가다 보니, 다른 분들은 다 내리고 우리 반 아이들만 남았습니다. 버스를 세내어 가는 것 같아서 편안했습니다.

산에서 숲 해설가 할아버지와 산책도 하고 보물찾기와 탐험놀이, 장기자랑 같은 것을 했습니다. 도시락도 까먹었지요. 소풍 갈 때마다 저는 도시락 먹는 게 가장 좋습니다. 어머니들 손맛이 들어가서 그런지 얼마나 맛있는지 모릅니다. 아이들 김밥을 하나씩 먹다 보면 금세 배가 부르지만, 맛있는 것은 하나씩 더 얻어먹습니다. 그때 먹었던 김밥 생각을 하니 군침이 돕니다. 다른 건 몰라도 소풍 갈 때는 제가 선생이라서 참 좋다는 생각을 합니다.

우리 반 아이들은 보물찾기가 가장 좋다고 했습니다. 학교에 가서도 또 하자고 했을 정도입니다. 오늘은 그 이야기를 해 보려고 합니다.

보물찾기 하려고 소풍 가기 며칠 전부터 이웃 마을 문방구를 싹 쓸어 왔습니다. 왕딱지, 결합딱지, 터닝메카드 딱지, 레이저, 액체 괴물, 공룡알, 가짜 레고, 수갑, 비밀펜, 구슬, 조립식 장난감, 터닝메카드 열쇠고리, 요괴 메달 같은 것들입니다. 상자로 하나 가득 채워서 갔습니다. 축령산에 가서 그걸 신문지 위에 펼쳐 놓고 보물 쪽지를 찾아오는 아이들에게 하나씩 고르게 했습니다. 보물 쪽지를 두 개 찾은 사람은 못 찾은 아이에게 하나 주라고 했지요.

얼마나 망설이면서 고르는지 모릅니다. 이것 잡았다가 저걸 잡았다가 했습니다. 희한하게도 삼천 원이 넘는 것도 있는데 꼭 오백 원짜리나 팔백 원짜리 장난감을 고릅니다. 어른의 눈으로 보면 허술하고 엉뚱한 것들인데 좋다고 합니다. 아이들에게 얼마짜리인가는 중요하지 않습니다.

우리 반 대한이는 보물 쪽지를 찾지 못했습니다. 두 개를 찾은 아이가 대한이에게 하나 주었지요. 대한이는 늦게 줄을 섰고, 다른 아이들이 장난감 고르는 것을 안타깝게 지켜보았습니다. 대한이는 고를 차례가 되었는데도 고르지 않았습니다. 자꾸만 "난 안 가질래요." 합니다. 내가 비싼 것으로 골라 줘도 싫다고 하더니, 다른 아이들 나눠 주는데 옆에 서서 자꾸만 "난 안 가질래요." 합니다.

나중에 문방구 가서 마음에 드는 것으로 바꿔 오겠다고 해도 괜찮다고 합니다. 그렇게 말하면서도 괜찮은 얼굴이 아닙니다. 얼굴이 빨갛습니다. 툭 건드리면 울 것 같습니다. 보물찾기가 다 끝나고 나서 곰의 굴로 탐험을 갈 때도 혼자 남았습니다. 다행히 민준이 아빠가 같이 오셔서 대한이와 함께 남았습니다. 한 시간 정도 탐험을 마치고 돌아오니까 대한이가 내 옆으로 옵니다. 마음이 좀 풀린 것 같습니다.

"선생님, 학교 가면 바꿔 주는 거죠?" 하고 묻습니다. 그렇다고 하니까 공룡알이나 수갑도 있냐고 물어봅니다. 있을 거라고 하니까 그제야 마음이 풀렸는지 장기자랑도 같이 했습니다.

1학년 아이들의 장기자랑은 참 재미있습니다. 고양이 흉내 내기도 하고, 개 흉내 내기도 합니다. 아무렇게나 흉내 내고는 누가 왔을 때 짖는 소리라고 우깁니다. 혓바닥을 돌돌 마는 묘기나 눈알을 굴리는 묘기도 합니다. 그걸 보면서 아이들도 즐겁고 저도 즐겁습니다.

나들이를 마치고 학교에 돌아왔는데, 대한이가 내 옆에서 떨어지지 않습니다. 아이들을 모두 돌려보내고 대한이만 남아서 장난감을 골랐습니다. 이리저리 만져 보고는 뜯어 봐도 되냐고 묻더니 장난감 수갑을 품에 안습니다. 고맙다고 하더니 진짜 고마운 표정으로 돌아갔습니다.

참 저게 뭘까 싶었습니다. 어쨌든 대한이가 수갑을 골라 가는 걸 보면서 저도 마음이 홀가분해졌습니다. 약속을 지킬 수 있었으니까요.

며칠 지나서 요리 방과후 수업이 있었습니다. 김초밥 만들기를 했다는데, 대한이가 다 만든 것을 들고 교실로 왔습니다. 선생님 먹으라고 합니다. 아이가 쪼물딱쪼물딱 만진 것이라 먹기가 싫은데, 대한이는 내가 먹고 싶은 걸 참는 줄 압니다. 자꾸 먹으라고 하더니, 안 먹는다고 하니까 손가락으로 집어서 입에 넣어 줍니다. 맛있다고 말해 주었습니다. 그러자 엄마 가져다주려고 싼 것을 다 먹으라고 합니다. 배부르다고 겨우 설득해서 집으로 들려 보냈습니다. 선생님이 좋다는 말이겠지요. 그런 말인 것 같아서 기분이 좋았습니다.

어제는 아침에 오자마자 태극천자문 카드 한 장을 제 책상 위에 올려놓았습니다. 이게 뭐냐고 하니까 선생님 가지랍니다. 정말 고맙다고, 예전부터 이것 갖고 싶었다고 했습니다. 좋아서 제 자리로 갔습니다. 나들이 때 일이 마음에 오래 남았나 봅니다. 별것 아니었는데 넘치게 보답을 합니다.

아이들은 기억을 잘하는 것 같습니다. 싸움이 나서 어찌 된 일인지 말을 시켜 보면 일 년 전에 놀린 이야기나 이 년 전에 때린 이야기도 합니다. 그런 이야기를 하면 풀기가 어렵습니다. 그러니 아이와 한 약속은 잘 지켜야 할 것 같습니다. 우리 반 민준이가 이번 주에 쓴 시 한 편을 소개합니다. 아빠가 자꾸 약속을 지키지 않는 이야기입니다.

밉다

박민준(1학년)

나는 엄마 아빠가 밉다.

터닝메카드 트럭이 싸다고 하면

엄마는 "뻥치시네." 한다.

아빠는 "다음에 사자."고 한다.

아빠는 맨날 다음에 사자고 하면서

다음에 와서도 안 산다.

나는 엄마 아빠가 밉다.

민준이도 진짜 미운 건 아닐 겁니다. 그때 생각을 하니까 미운 마음이 생기는 거겠지요. 민준이 아빠가 이 시를 읽고 그 마음을 잘 알아주면 좋겠습니다. 맨날 다음에 사자고 하지 말고 한 번쯤은 사 주면 좋겠습니다. 내가 마트 가서 보니 진짜로 터닝메카드 트럭은 메카니멀보다는 싸던데 말입니다.

가을 나들이 이야기를 쓴 이유는 장사꾼 잇속 채우려고 현장학습을 가는 것 같아서입니다. 소풍이 현장학습이 되면서 더 그렇게 되었지요. 가까운 뒷산을 걸어가기보다는 관광버스를 빌려서 멀리 갈 때가 많습니다. 놀이공원 자유이용권이나 박물관 입장료, 체험비도 만만치 않은 돈입니다. 그 많은 돈을 걷어다가 장사꾼들 주는 게 맞나 싶었습니다. 아이들 교육을 위해서 그렇다고 하지만, 학교 교육 예산으로 쓰지는 않습니다. 모두 학부모들 주머니에서 나옵니다. 우리 반이라도 그러지 말자 생각을 했지요. 그 이야기를 쓰려 했는데 너무 무겁습니다.

쓰다 보니까 대한이 이야기로 흘러갔는데, 오히려 잘된 것 같습니다. 방금 대한이가 교실에 와서는 영인이 책상 서랍 정리가 안 되었다면서 정리를 해 주고 갔습니다. 참 착한 아이입니다. 착하게 보이고 싶은지도 모르고요. 그것도 좋습니다. 누군가에게 잘 보이고 싶은 마음이 들었으니까요.

2015년 10월 21일

덧붙이는 말

역사 국정 교과서 반대하는 모임들끼리 어깨 걸자고 전화가 와서 그러자고 했습니다. 성명서에 이름이라도 넣어야 그나마 마음이 편해질 것 같습니다.

자꾸 거짓말을 하다 보면 거짓말을 해도 부끄럽지 않은 경지에 오른다고 합니다. 웬만한 거짓말도 입 밖에 내뱉으면 참말처럼 여겨진다고 하더군요. 아이들에게 가르칠 때도 대놓고 그렇게 할까 봐 걱정이 됩니다. 우리 선생님들이 제대로 잘 살아야 하겠습니다.

마음이 울컥, 내려앉았습니다

"은행나무 아래 오솔길을 걸어 보았습니다.
혼자서 걷다가 내일은 아이들과 함께 와서 걸어야겠다,
생각을 했습니다. 아이들과 함께 걷다 보면
홀린 듯 가을을 건널 수 있을 것 같습니다."

은행잎이 노랗게 물들었습니다. 말 그대로 샛노랗습니다. 보고 있으니까 빛깔이 사람을 홀리는 것 같습니다.

며칠 전 영양사 선생님이 아이들에게 급식 교육을 한다고 교실로 오셨습니다. 저는 교실에 있을까 잠시 머뭇하다가 불현듯 기타를 들고 교무실로 내려갔습니다. 한 번도 그런 적이 없는데 그날은 왜 그랬는지 모르겠습니다.

교감 선생님과 교무 보조 선생님이 있었는데 거기서 노래를 두세 곡 불렀습니다. 김광석의 〈그대가 기억하는 나의 옛 모습〉과 〈말하지 못한 내 사랑〉을 불렀습니다. 교감 선생님이 부탁하셔서 〈어느 60대 노부부 이야기〉도 불렀습니다. 저는 기타를 잘 치거나 노래를 썩 잘하지 못합니다. 기교 없이 기타를 치면서 나지막이 노래 부르는 것이 좋습니다. 기분이 내킬 때 교실에서도 혼자 부르곤 합니다.

그날 교무실에서 두 명의 청중을 두고 불렀는데 마음이 울컥, 내려앉았습니다. 운동장 너머 샛노란 은행나무 때문인 것 같았습니다. 그날은 김광석 노래처럼 온통 흐린 가을 하늘이었습니다. 비가 오지 않았는데도 하늘이 축축합니다.

중간 놀이 시간에 놀다 온 아이들이 비가 온다고 하더군요. 효재가 한두 방울 맞았다고 하니까 그 옆에 있던 영인이가 열 방울도 더 맞았다고 합니다. 다른 아이들도 모두 비가 온다고 했습니다. 저는 거짓말인 줄 알면서도 양은 냄비를 꺼내고 물을 부어서 버너 위에 올렸습니다. 마침 수 놀이 시간이라 전날 배운 것을 각자 풀어 보게 했습니다.

아이들이 사각거리면서 연필을 놀리는 사이 저는 창문도 닫고 앞문 뒷문도 모두 닫습니다. 냄새가 나갈까 봐 그렇습니다. 라면을 부숴 넣고 스프도 뿌려 나무젓가락으로 휘휘 젓습니다. 조금 있으니 라면 냄새가 온 교실에 퍼지고 창문도 뿌옇게 김이 서립니다. 먹지 않아도 몸이 먼저 따뜻해집니다.

다 익기 전에 불을 끄고, 종이컵 열여덟 개에 라면을 옮겨 담아서 아이들에게 건네줍니다. 뜨거울 텐데 아이들은 손가락 끝으로 집어서 잘도 가지고 갑니다. 후루룩거리면서 맛나게 먹습니다. 저도 컵 하나에 라면을 부어서 아이들과 같이 먹습니다. 국물 한 모금 마시면 뱃속이 뜨끈해집니다. 아이들도 똑같을 것 같습니다.

비가 오는 날이면 라면을 끓여 줍니다. 올해도 그렇게 하겠다고 3월에 부모님들께 편지를 썼는데, 언젠가 민준이가 와서 "선생님, 우리 아빠가 물어보던데요. 장마 때는 매일 끓여 주실 거예요?" 했습니다. 다행히 올해는 장마 없이 지나갔습니다.

제가 어릴 적에는 비가 자주 왔던 것 같습니다. 아침에는 맑아서 그냥 나갔는데 점심때부터 비가 오기도 했지요. 그럴 때는 책가방을 머리에 얹고 뛰어오기도 했지만, 많이 내리는 날은 온통 젖어서 돌아왔습니다.

엄마들이 공부 시간에 우산을 가져다주거나 수업이 끝날 무렵 교문 앞에서 기다렸지만, 저한테는 그런 기억이 없습니다. 초등학교 들어가기 전에 어머니가 돌아가셨지요. 할머니께서 저희 네 남매를 뒷바라지하며 키우셨습니다. 할머니는 한 번도 학교에 오지 않았습니다. 손자 우산을 가져다주러 학교까지 가기가 힘들었을 것 같습니다.

비 오는 날 흠뻑 젖어서 집으로 돌아오면 어떤 날은 추워서 덜덜 떨립니다. 아마 오늘 같은 가을이었을 겁니다. 수건으로 닦고 옷을 갈아입으니까 할머니께서 라면을 끓여 놓으셨습니다. 후후 불면서 먹었던 기억이 납니다. 그때의 따뜻한 라면을 잊을 수가 없습니다.

어른이 되어서도 비가 오는 날이면 가끔 라면을 끓여 먹습니다. 그러면 할머니 생각이 먼저 납니다. 몸보다 마음이 먼저 따뜻해지곤 합니다.

아이들에게 라면을 끓여 주기로 한 건 할머니 때문이었을 것 같습니다. 내가 그랬듯이 아이들도 나를 기억해 줄까 생각합니다. 나를 기억하지는 못해도 내가 끓여 준 라면은 기억하겠지 싶습니다. 따뜻한 라면 냄새도 기억하고, 동무들과 함께 나눠 먹으면 얼마나 맛있는지도 기억할 것 같습니다. 온통 뿌옇게 감싸 주던 김 서린 유리창도 기억하겠지요.

내가 그랬듯이 아이들에게도 그런 것들이 세상을 살아갈 수 있는 힘이 되어 줄 것 같습니다.

2015년 10월 26일

덧붙이는 말

다자이 오사무의 《나의 소소한 일상》을 읽고 있습니다. 거기에 "우리를 자살하게 만드는 정부나 국가는 빨리 사라지는 편이 낫습니다. 아무도 아깝다고 생각하지 않습니다."라고 써 있습니다. 요즘 세상을 보면 그때보다 나아진 것이 없다는 생각도 듭니다. 국가가 없어지지 않아서 그랬는지 다자이 오사무는 자살을 했습니다. 그러고 보니 내가 불렀던 노래의 가수 김광석도 자살을 했습니다. 누구나 세상을 등질 수 있지요. 아픈 일입니다.

가을 빛깔이 사람을 홀린다는 이야기를 했습니다. 아이들을 모두 보내고 난 뒤 운동장 너머 은행나무 아래 오솔길을 걸어 보았습니다. 혼자서 걷다가 내일은 아이들과 함께 와서 걸어야겠다, 생각을 했습니다. 아이들과 함께 걷다 보면 홀린 듯 가을을 건널 수 있을 것 같습니다.

불현듯 가을이 왔습니다

"삶을 온것으로 보아야 합니다.
온작품 읽기 운동도 그런 뜻이지요.
온작품이니까 온삶을 오롯이 볼 수 있지 않을까,
서로 나눌 수 있지 않을까 싶었습니다."

불현듯 가을이 되었습니다. 한동안 소식 없던 비가 내리더니 하루 만에 기온이 바뀌었지요. 밤에 홑이불을 덮고 잤는데, 그날은 자다가 일어나서 두꺼운 이불을 꺼내 덮었습니다. 다음 날 아침은 긴 여름과 함께 방학도 끝이 났습니다. 하루아침에 바뀌고 나니 방학 때 있었던 일들이 꿈결 같습니다.

여름에는 편지를 드리지 못했습니다. 이리저리 다니느라 바쁘기도 했지만, 저에게도 시간을 주고 싶었습니다. 대신 많은 사람을 만나 이야기를 나누고, 생각을 가다듬었습니다. 오늘은 그런 이야기를 하려고 합니다.

가장 먼저 할 이야기는 강산배움터입니다. 이번에도 200명이 넘는 선생님들이 오셨습니다. 두 밤을 자며 함께 이야기를 나누었는데, 선생님들 표정이 좋아 보여서 절로 웃음꽃이 피어났습니다. 분과를 더 열고 서로 이야기 나눌 수 있는 시간을 늘렸습니다. 가만히 듣기만 하다가 함께 이야기를 나누니 저절로 길이 열리는 것 같았습니다.

온 나라 선생님들을 모시는 것이 힘들어서 다음부터는 그만할까 생각도 했지요. 그러다가 뒤풀이 놀이판을 벌이는 선생님들을 보며 다시 힘을 내었습니다. 힘이 닿는 데까지 해 봐야겠다 싶었습니다. 지금부터 천천히 준비를 하려고 합니다.

《삶의 이야기판을 펼치는 온작품 읽기》 책도 나왔습니다. 지난겨울, 선생님들이 모여 출판 운동을 펼치자고 했지요. 삶말출판사를 만들고, 거기서 나온 첫 책입니다. 편집자도 없이 고생하며 만들었지만, 책으로 나오고 나니 뿌듯했습니다. 마침 강산배움터로 100권이 왔는데 20분 만에 다 팔렸습니다. 지나가다가 누군가 사인을 해 달라 해서 자리에 앉았는데, 길게 줄을 서는 바람에 한참 동안 일어서지 못했지요. 처음으로 책에 사인이란 것을 해 봤습니다.

책이 나오고 나서 여러 곳에 연수를 다녀오기도 했습니다. 먼 곳은 새벽 5시에 집을 나서서 밤이 되어 돌아오곤 했지요. 갈 때는 지치고 힘이 들었지만, 선생님들 얼굴이 환해서 돌아오는 길 마음이 가벼웠습니다. 2학기 때도 두세 군데 연락이 와서 연수 날짜를 맞추고 있습니다. 온작품 읽기 운동이 온 나라에 퍼질 수 있으면 좋겠습니다.

지난주에는 제천 사시는 이철수 선생님을 뵈러 갔습니다. 길이 막혀서 시간 약속을 지키지 못했지만, 반갑게 맞아 주셨습니다. 편안하고 따뜻한 말씀을 해 주셔서 좋았습니다. 이오덕 선생님, 권정생 선생님, 이현주 선생님, 장일순 선생님 이야기를 많이 들었습니다. 함께 간 김영주 선생님이 우리가 함께 따를 분을 소개해 달라고 했더니, 몇 분 선생님과 책을 알려 주셨습니다. 2학기에는 말씀해 주신 책을 읽으며 살아가면 좋겠습니다.

개학을 하고 아이들을 만났습니다. 키도 많이 크고 마음도 많이 자란 것 같았습니다. 아이들은 오랜만에 만난 선생님이 어색한지 머뭇거리다가도 금세 다시 떠들고 까붑니다. 아이들이 마음을 열어 주어서 저도 편하게 아이들 곁으로 다가갈 수 있었습니다. 아이들은 어른들처럼 곁을 비워 두지 않습니다. 금을 그어 놓고 사귀는 어른들과 다르지요. 싸우다가도 웃기는 소리 한마디 하면 어울려서 놀 줄 압니다.

새로 전학 온 아이가 셋이나 되는데, 하루도 지나지 않아서 어울려 노는 걸 보며 우리 어른들도 저렇게 살면 얼마나 좋을까 싶었습니다. 가끔은 금을 그어 놓고 사이를 두는 아이들이 있지만, 그런 못된 버릇은 어른들에게서 배운 것입니다. 어른들의 세상은 온통 쪼개진 것들입니다. 함께 똘똘 뭉쳐 교육을 바꾸자 해 놓고도 쪼개서 갈라지고, 교과도 학문도 아이들의 삶조차도 쪼개서 보려 합니다.

삶을 온것으로 보아야 합니다. 온작품 읽기 운동도 그런 뜻이지요. 온작품이니까 온삶을 오롯이 볼 수 있지 않을까, 서로 나눌 수 있지 않을까 싶었습니다.

가을에는 아이들과 함께 책을 읽으며 살아가면 좋겠습니다.

2016년 8월 30일

쓸쓸할 때가 있습니다

"쓸쓸함이 떠나고 나면 기쁨이 오기도 하고,
뿌듯함이 찾아오기도 할 것입니다.
그런 것들도 손님이니 붙잡지 말아야지요."

쓸쓸할 때가 있습니다. 가을에는 그럴 때가 더 많습니다. 하늘이 궂고 비까지 내리면 한없이 쓸쓸해져서 온누리에 나 혼자만 있다고 느껴지곤 합니다.

지난번 권정생 선생님이 사셨던 빌뱅이 언덕을 갔을 때도 그랬습니다. 바람이 불고 문풍지가 흔들리는 밤이면 얼마나 쓸쓸했을까 생각을 했지요. 그런 밤이면 이야기 나눌 동무가 그리웠을 것 같습니다. 하지만 쓸쓸함은 동무가 곁에 많을 때도 느낍니다. 오늘 우리 반 지운이가 그랬을 것 같습니다.

어제 1학년 선생님이 우리 교실로 올라왔습니다. 지운이가 1학년 아이를 때렸다고 했습니다. 때리지 말라고 하니까 미안하다 하면서 또 때렸다고 합니다. 순한 얼굴로 싱글거리던 아이입니다. 1학년 선생님께는 잘 타이르겠다고 했습니다. 잊어버릴까 봐 칠판에 적어 두고 나중에 찬찬히 물어봐야겠다 마음을 먹었지요. 하지만 저는 그러지 못했습니다.

화요일 아침은 과학실로 가기 때문에 꽤나 바쁩니다. 과학실 가기 전에 하루 일정도 말해 줘야 하고, 아이들과 이야기 나눈 것이 어떻게 되고 있는지 알려 줘야 할 때도 있습니다. 오늘도 그랬지요. 내 이야기만 짧게 하고 과학실에 가려고 하는데, 아이들이 칠판에 적힌 것이 뭐냐고 물었습니다.

바쁜 마음에 지운이 이야기는 한마디도 듣지 않고 꾸짖기만 했습니다.

"아, 맞다. 야! 이지운, 너 어제 1학년 때렸니, 안 때렸니?"

"때렸어요."

"어디서?"

"놀이터에서요."

"형아가 동생 때리려면 어떻게 하나? 부끄럽지도 않냐?"

대답이 없습니다. 저는 아이가 뉘우치는 줄 알고 한마디 더 합니다.

"동무들하고 놀아. 1학년이랑 놀지 말고. 그래, 앞으로 또 그럴래, 안 그럴래?"

"안 그럴게요."

대답 소리가 작습니다. 착한 아이니 그쯤 하면 다시는 안 그러겠다 싶었지요. 저는 아이들에게 과학책 챙겨서 가자며 서둘렀습니다. 과학실에 아이들을 데려다 놓고 돌아오는데 과학 선생님이 우리 반 아이 하나가 오지 않았다고 했습니다. 지운이입니다.

교실에 와 보니 지운이가 눈이 빨개져서는 홀로 자리에 앉아 있습니다. 가만히 의자를 돌려서 마주 앉았습니다.

"왜 우니?"

"쓸쓸해서요."

"왜 쓸쓸한데?"

"아무도 내 마음을 몰라요."

"그 마음이 뭔데?"

"어제 걔가 먼저 반말을 했어요. '야, 덤벼 봐.' 했어요."

그랬습니다. 교실에 동무들이 가득하고 선생님도 있는데 지운이는 쓸쓸해지고 말았습니다. 과학실에도 오지 않았지요. 아무도 지운이 이야기를 듣지 않고, 마음을 알아주지 못했기 때문입니다. 선생님도 자기 할 말만 하고 지운이 말은 들으려 하지 않았지요. 온누리에 홀로 있는 것처럼 느껴졌을 것입니다.

지운이에게 미안하다고 했습니다. 1학년 선생님께 연락을 해서 때린 지운이도 잘못이지만 그 아이가 먼저 나쁜 말을 했다고, 잘 타일러 달라고 했습니다. 지운이가 옆에서 보고 있다가 이제야 마음이 조금 풀린다고 합니다. 다 풀리려면 5분 더 있어야 된다고 해서 그럼 더 있다가 과학실 가라고 했습니다. 5분 뒤, 지운이가 밝은 얼굴이 되어서 과학실로 갔습니다.

지운이는 초콜릿을 좋아합니다. 이마트에 가는 날이면 내게 몇 시까지 거기서 만나자고 합니다. 킨더 초콜릿을 사 주겠다고 꼭 오라고 하는 아이입니다. 한 번도 안 갔지만 마음으로도 고맙습니다. 선생님을 동무처럼 아껴 주는 아이지요. 그래서 저도 동무처럼 장난을 걸기도 하고, 놀려 먹기도 합니다.

그러다가 가끔씩 저는 나쁜 어른이 됩니다. 이야기도 듣지 않고 냅다 꾸짖습니다. 방금 전까지는 동무였는데 금세 어른이 되어서 내리누르려 합니다. 배신입니다. 배신을 당한 지운이가 쓸쓸한 것은 당연합니다. 내 몸처럼 아끼고 사랑하다가도 한순간 헤어지자고 돌아선 애인에게서 드는 서운한 마음이 이럴까요? 저도 그럴 때가 있어서 지운이 마음이 헤아려졌습니다. 그 마음을 생각하니 저도 쓸쓸해지고 말았습니다.

"선생님, 오늘 종일토록 참 쓸쓸했습니다."

"알고 있다. 축하한다."

"축하한다고요? 무엇을 말입니까?"

"네가 하루 종일 쓸쓸했다는 사실을. 쓸쓸함도 너에게 온 손님이다. 지극 정성으로 대접하여라."

"어떻게 하는 것이 쓸쓸함을 잘 대접하는 겁니까?"

"쓸쓸한 만큼 쓸쓸하되, 그것을 떨쳐버리거나 움켜잡으려고 하지 말아라. 너에게 온 손님이니 때가 되면 떠날 것이다."

이현주 선생님의 책을 몇 권 사서 보고 있습니다. 위의 글은 《지금도 쓸쓸하냐?》라는 책의 맨 앞에 나오는 글입니다. 저 글을 읽다가 쓸쓸함도 손님이라 때가 되면 떠날 것이라는 말이 마음에 닿았습니다. 지운이에게 읽어 주고 싶었지요. 쓸쓸함이 떠나고 나면 기쁨이 오기도 하고, 뿌듯함이 찾아오기도 할 것입니다. 그런 것들도 손님이니 붙잡지 말아야지요. 그러고 보면 사람 마음은 여러 손님이 찾아오는 곳인가 봅니다. 텅 비워 두어야 할 것 같습니다. 손님들이 머물기 쉽게 말입니다.

오늘부터 가을인가 봅니다. 온통 안개가 끼어서 잘 보이지 않았습니다. 안개가 걷히고 선선한 바람이 불어옵니다. 가을이 찾아왔다고 몸이 느낍니다.

2016년 9월 6일

덧붙이는 말

이철수 선생님 댁에 갔을 때 '호아빈의 리본'이라는 모임에 가입했습니다. 매달 만 원씩 회비를 내기로 했지요. 베트남 아이들에게 학교도 지어 주고 도서관도 지어 준다고 했습니다. 그동안 예술하는 사람들이 중심이 되었다고 합니다. 전시회나 공연 수익금으로 학교를 지었다고 했습니다. 국어모임 회장을 맡고 있다고 하니, 마음 따뜻한 선생님들께 전해 달라며 가입서를 주셨습니다.

삶에서 꽃이 핍니다

"삶에서 뜻이 온다는 말이 좋았습니다.

뜻이 말의 꽃을 피운다는 말도 좋았습니다.

그런 것이 살아 있는 이야기라는 생각도 들었습니다."

어젯밤에는 지진이 났다고 합니다. 몸이 둔한 저는 느끼지 못했지만 아침에 학교 와 보니 아이들도, 선생님들도 흔들림을 느꼈다고 했습니다. 사람은 다치지 않았다고 합니다. 참 다행입니다.

벌써 한가위가 되었습니다. 페이스북에 올라온 선생님들 이야기를 살펴보니 아이들과 송편도 빚고, 차례도 지낸다고 합니다. 우리 학교 6학년 선생님은 반 아이들과 꼬치와 동그랑땡을 만들어서 먹었나 봅니다. 방금 전 그 반 아이들이 종이컵에 담아서 가져온 것을 저 혼자 맛나게 먹었습니다. 고소합니다.

일요일에는 집에서도 송편을 빚었습니다. 늦잠을 자고 일어나 보니 솔잎을 찜솥에 올리고 송편을 빚고 있었습니다. 저도 손을 씻고 함께 송편을 빚었지요. 조금 있으니까 윗집 아주머니께서 오십니다. 아이들이 솔잎 따는 걸 보고 거들러 오셨다고 했습니다.

우리가 빚은 것은 못생겼는데 아주머니가 빚는 것은 예쁘고 맛있어 보입니다. 제상에 올려도 될 것 같습니다. 이야기꾼인 아주머니는 그간 마을에서 있었던 일들을 재미나게 해 주십니다. 아주머니 덕분에 마을 사람들 이야기를 듣습니다. 그렇게 이야기를 듣고 나면 가다가 지나치는 마을 어른들이 남 같지 않습니다. 웃으며 인사를 나누게 됩니다.

지난 1학기 때 아이들과 함께 물골안에 내려오는 이야기를 살펴보았습니다. 그 이야기에 살을 붙이고 그림을 그려 넣었지요. 그렇게 열 편의 그림 동화집을 만들었습니다. '물골안 그림책'이라고 이름 붙이고, 책으로 인쇄를 했습니다. 모두 40부를 찍었습니다. 학급에 인쇄비가 넉넉하지 않아서 더 찍을 수가 없었습니다.

물골안 사는 아이들이 모두 읽어 보면 좋겠다는 생각이 들어서 물골안 노인회장님을 찾아갔습니다. 그분이 물골안 들판과 물, 사람들 이야기를 귀하게 여긴다고 들었기 때문입니다. 아이들이 쓴 책을 보여 드리고, 더 많이 찍을 수 있는 방법이 없는지 물었습니다.

어제 전화로 답을 들었습니다. 아이들이 잘 만들었다고 하시며 100부를 더 찍자고 합니다. 아이들 책에 나오는 곳에 함께 다니며 이야기를 들려주신다고도 하십니다. 차가 없다고 했더니, 면사무소와 노인회 차를 빌려 준다고 합니다. 고마운 일입니다.

오늘 아침에는 고마운 마음을 전하려고 메일을 보냈습니다. 노인회장님 덕분에 아이들 삶에서 꽃이 필 수 있겠다고 했습니다.

얼마 전부터 김수업 선생님의 《배달말꽃》을 읽고 있습니다. 거기
이런 말이 있습니다.

말꽃은 처음부터 삶의 뜻을 진하게 드러낸다. 말꽃을 만드는 말이 애
초에 뜻을 지니고 있기 때문이다. 어쩌면 말이란 뜻을 드러내려고 생
겨난 것인지도 모른다. 그런데 뜻이란 어디서 오는가? 뜻은 바로 삶에
서 온다. 삶에서 겪은 그 모든 것들은 뜻이 되어 머리에 쌓이고, 그것이
핏줄로 내림이 되어 동아리 안에 커다란 뜻의 바다를 이룬다. 이래서
말꽃은 다른 예술들보다 한결 진하게 삶의 뜻을 드러내어 문화로 자리
잡는다.

삶에서 뜻이 온다는 말이 좋았습니다. 뜻이 말의 꽃을 피운다는 말
도 좋았습니다. 그런 것이 살아 있는 이야기라는 생각이 들었습니다.
삶의 이야기는 끝나지 않고 사람들 사이를 돌아다니며 동아리 사람들
삶을 하나로 묶어 준다고 해서 그 말도 참 고마웠습니다.

송편을 빚으며 아주머니가 들려준 이야기도 삶에서 나온 이야기입
니다. 노인회장님이 우리 아이들과 나눌 이야기도 삶에서 온 것이지
요. 그 이야기는 아이들에게 이어져 동아리 사이를 돌아다닐 것입니
다. 아이들은 저절로 물골안 동아리 사람으로 자라나겠지요. 저도 그
곁에서 이야기를 거들며 살아가면 좋겠다고 생각했습니다. 그렇게 살
다 보면 저절로 물골안 사람이 될 것 같습니다.

2016년 9월 13일

덧붙이는 말

한가위 인사를 드리지 못했습니다. 맛있는 송편 드시고, 오래된 이들과 따뜻한 이야기 나누시기를 바랍니다. 둥그런 달에게 소원을 빌고 편안한 잠을 자는 한가위가 되면 좋겠습니다. 그렇게 되기를 바랍니다.

어릴 때가 생각났습니다

"지난 일은 어쩔 수 없으니
앞으로라도 잘하자 마음을 먹습니다.
그것도 잘될지 모르겠습니다.
날마다 되돌리고 싶은 마음으로 삽니다.

어릴 때 이야기를 하나 하려고 합니다. 우리 반 아이들이 쓴 글을 읽다가 되살아난 이야기입니다.

제가 어릴 때는 한 교실에 아이가 참 많았습니다. 새학년을 시작하고 한 달이 지나도 선생님께 이름이 불리지 않는 경우가 많았지요. 집안이 넉넉하거나 공부를 잘하거나 힘이 세거나, 하다못해 말썽이라도 부리지 않으면 이름조차 모를 때가 있었습니다.

대부분의 아이처럼 저도 그저 그렇고 그런 아이였습니다. 6학년이 되었지요. 학교가 그렇다는 것을 어렴풋이 알게 된 것 같습니다. 선생님의 관심을 받기보다는 동무들과 어울리는 것이 좋았습니다. 쉬는 시간에도 놀기 바빴고, 학교를 마치고 나면 학원에 가지 않는 동무들과 어울려 방방이를 타거나 전자오락실을 다녔습니다. 그러다가 한 아이를 좋아하게 되었습니다. 옆 반에 새로 전학을 온 아이였습니다.

그 아이 이야기를 들었지요. 엄마가 일찍 돌아가시고 새엄마와 살고 있다고 했습니다. 관심을 가지게 되었습니다. 저도 그랬거든요. 한 번도 말을 걸어 보거나 놀아 보지 못했지만, 그냥 관심이 갔습니다. 못사는 동네에 살았지만 늘 깔끔하게 옷 입은 것도 좋았습니다.

수학여행을 갔을 때는 그 아이에게 주려고 석고로 된 오백 원짜리 강아지 인형을 사기도 했습니다. 언젠가 이야기를 나누게 되면 주려고 했던 것 같습니다. 아무에게도 이야기를 하지 않았지요. 그냥 책상 서랍에 넣어 두었습니다.

우리 선생님은 이상한 벌을 주곤 했습니다. 다른 선생님은 잘못하면 때렸는데 그 선생님은 공부 시간에 떠들거나 잘못을 저지르면 복도에 나가서 무릎을 꿇게 했습니다. 쉬는 시간이 되면 다른 반 아이들이 지나가면서 무릎 꿇은 아이들을 쳐다봤습니다. 부끄러웠을 겁니다.

선생님 관심을 받는 아이들 무리가 있었습니다. 아파트에 사는 여자아이들이었지요. 그 아이들은 꿇어앉았다가도 쉬는 시간이 될 즈음이면 교실 문을 똑똑 두드리고는 선생님께 말했습니다.

"선생님, 저희 한 대씩 맞고 들어가면 안 될까요?"

선생님은 그러라고 하고, 손바닥을 한 대씩 때리는 것으로 벌을 대신했습니다.

그러다가 어느 날엔가는 저도 걸렸습니다. 선생님께서 잠깐 교무실 다녀올 테니 조용히 자습하라고 했습니다. 옆 짝꿍이 자꾸 장난을 걸길래 우당탕 장난 같은 싸움을 벌였습니다. 그때 선생님이 들어오셨습니다.

저와 짝꿍은 복도에 나갔습니다. 꿇어앉았지요. 자꾸 쉬는 시간이 걱정되었습니다. 그 아이가 지나가다 보면 어쩌나 싫었습니다. 아파트 사는 아이들처럼 매를 맞고 들어가면 안 되냐고 물어보고 싶었지만 말하지 못했습니다. 저는 선생님이 싫었거든요. 집안이 넉넉하거나 공부를 잘하거나 힘이 센 아이들과 잘 어울리는 선생님이라고 생각했습니다. 제 이야기는 잘 들어주지 않을 것 같았습니다. 비굴해지기 싫었을 수도 있습니다. 그때 제가 선생님과 기 싸움을 했던 것 같습니다.

쉬는 시간이 지나갔습니다. 보통 다음 수업 시간이 시작되면 아이들을 안으로 부르곤 했던 선생님이 저희를 부르지 않았습니다. 저는 다음 시간도 꼬박 무릎을 꿇은 채 앉아 있었습니다. 처음에는 뻗대는 마음이 있었지만, 나중에는 그런 것도 없어졌지요. 제발 구해 달라고 말하고 싶었습니다. 하지만 저는 그러지 못했지요.

또 쉬는 시간이 되었습니다. 옆 반 아이들이 지나갔습니다. 아마 그 아이도 지나갔을 겁니다. 저를 보았겠지요. 참담했습니다.

그 뒤에도 한두 번 더 쉬는 시간이 지나갔지요. 마침내 교실에서는 종례를 하고 있었습니다. 알림장을 쓰고, 아이들은 집에 갈 준비를 하고 있었습니다. 선생님이 먼저 교실을 나왔습니다. 그런데 저희를 보고도 어떻게 하라는 소리 없이 휙 지나가 버렸습니다. 아이들도 뒤따라 우루루 나왔습니다.

저는 4층 계단으로 내려가는 선생님 뒤에 대고 "개새끼." 하고 욕을 했습니다. 막 울면서 소리를 질렀으니 선생님도 들었을 것 같습니다. 선생님은 다시 오지 않았고, 저는 그대로 엉엉 울었던 기억이 납니다. 억울했는지, 분했는지, 아쉬웠는지, 쓸쓸했는지… 어떤 느낌인지 기억이 나지 않습니다. 부끄러운 줄 모르고 줄줄 울었던 기억이 남았습니다. 물론 그 아이도 보았을 겁니다.

저는 끝내 그 아이에게 강아지 인형을 주지 못했습니다. 6학년을 졸업하기 전 그 아이는 전학을 갔습니다. 내가 살던 곳보다 더 변두리였지요. 거기는 아파트도 없고 논밭만 있는 곳이었습니다.

가끔 그 아이와 그때 선생님, 그날의 내가 생각납니다. 그러면 쓸쓸한 마음이 되곤 합니다.

편지를 쓰다가 쉬는 시간이 되어서 화장실을 가는데 지난해 우리 반이었던 연경이를 만났습니다. 연경이가 말합니다.

"선생님, 현식이가 저 좋아해요."

"어떻게 알아?"

"현식이가 지난번 돌봄 교실에서도 저보고 예쁘다고 했고요, 어제도 저 사랑한다고 했어요."

"그래? 그럼 현식이한테 사랑이 뭔지 물어봐라."

연경이 표정이 묘합니다. 자랑하려고 얘기했는데 선생님이 못 알아먹어서 그런가 봅니다. 사랑이 뭔지도 모르다니, 딱 그런 표정입니다. 연경이가 가고 나서 옆에 있던 정근이가 또 말을 겁니다.

"선생님, 현식이가요, 지난번에는 교빈이 좋아한다고 했어요."

"그래, 그럼 현식이는 바람둥이구나."

정근이도 그냥 갑니다. 현식이가 거짓말을 해서 나쁘다고 말할 줄 알았는데 바람둥이라고 해서 그런가 봅니다. 정근이는 바람둥이가 뭔가 하는 표정으로 교실로 갔습니다. 웃깁니다. 나중에 그게 뭔지 이야기를 해 줘야겠습니다. 바람둥이는 사랑이 자주 바뀌는 사람이라고 이야기해 주면 알아들을까 모르겠습니다.

그때는 모를 수도 있습니다. 지나고 나면 저절로 알게 되는 것도 있습니다. 저는 선생님이 되기 전, 그 선생님처럼 되지 말자고 마음먹었습니다. 그러나 그렇게 되지 않는 것이 힘들었습니다. 아이들을 때리기도 했고, 들어 보지도 않고 화를 내기도 했습니다. 동무들이 있는 자리에서 막 쏘아붙이기도 했지요. 그때 그 아이들은 저를 어떻게 기억할까 싶을 때가 있습니다. 부끄럽고 미안합니다.

지난 일은 어쩔 수 없으니 앞으로라도 잘하자 마음을 먹습니다. 그것도 잘될지 모르겠습니다. 날마다 되돌리고 싶은 마음으로 삽니다.

2016년 9월 20일

덧붙이는 말

제 이야기를 쓰려고 마음먹은 건 우리 반 아이의 글을 읽고 나서입니다. 한 아이가 맞은 일을 썼는데, "피하고 싶었고 무섭다."라고 했습니다. 어릴 적 저도 그랬거든요. 그래 놓고 저는 그때의 선생보다 더 젊은 선생이었을 때 아이들 손바닥을 때렸습니다. 같은 사람이라고 생각했으면 못 할 일입니다. 부끄러운 일이라고, 그런 일을 생각하다 보니 제 어릴 적 생각이 났습니다.

잊혀져 간 꿈들을 다시 만나고 싶습니다

"아이들에게는 새싹 같은 희망이 있습니다.
희망을 틔울 수 있는 시간의 숨결도 넉넉하고,
더운 생명력도 있습니다. 저는 선생이라
그것들을 조금씩 받아먹으며 삽니다."

　가을이고, 날이 흐립니다. 제가 좋아하는 김광석의 노래 중에 〈흐린 가을 하늘에 편지를 써〉가 있습니다. 노래는 "비가 내리면 음~"으로 시작합니다. 꼭 오늘처럼 비가 내릴 것 같은 날이었겠지요. 비가 내리면 시간의 숨결이나 서글픈 상념이 떨쳐질까 내게 묻습니다. 바람이 불면 어떨지 또 묻습니다. 김광석 그를 '유혹했던 안일한 만족'이나 '허위의 길들'이 잊혀질까 하고 말입니다.

　편지를 쓰고 싶었을 겁니다. 흐린 가을 하늘에 잊혀져 간 꿈들을 다시 만나고 싶다고 말입니다.

　하늘을 보니 온통 흐립니다. 그 노래를 흥얼거리다가 선생님들께 편지를 씁니다. 노래 때문에 나를 돌아보게 됩니다. 나를 유혹하는 만족이나 거짓된 길은 없는지, 시간은 숨결처럼 흘러왔는데 서글프지는 않는지 생각합니다.

서글픈 일도 없었는데 그렇게 생각하고 나니까 그냥 서글퍼집니다. 어디를 떠돌다 여기까지 왔는지 생각합니다. 내게도 꿈이 있었는지, 잊혀지지는 않았는지 말입니다.

지금보다 더 젊은 시절 노신을 좋아했습니다. 노신 산문집을 읽는데 장 콕토의 시를 인용한 구절이 나왔습니다. 확실하지는 않지만 거기 이렇게 써 있었습니다.

절망은 허망하다. 희망이 그러하듯이.

처음에는 거꾸로 쓴 것이 아닐까 생각을 했습니다. 절망이 그렇듯 희망도 허망하다고 말입니다. 그러다가 희망도, 절망도, 시간의 숨결이 불고 잊혀질 때가 되면 허망해진다는 생각이 들었습니다. 김광석 노래처럼 말입니다.

오늘같이 흐리고 비 내릴 것 같은 가을이 되면 다시 만나고 싶다고 편지를 쓰겠지요. 잊혀져 간 꿈은 다시 만날 수 없어서 허망하기만 합니다. 쓸쓸한 이야기입니다.

허망하고 쓸쓸한 이야기는 그만해야겠습니다.

가을이 되어도 아이들은 무럭무럭 커 갑니다. 학년 초만 해도 자주 다투던 아이들이 서로 어울려 놀기 바쁩니다. 아침이면 교실에서 하모니카도 불고, 영어 문장도 외우고, 온작품 읽기 책도 읽습니다. 시끄러운 데서 책 읽는 아이들도 대단하고, 공부를 하는 아이들도 신기합니다. 시끌벅적 노는 아이들을 보면 쓸쓸한 마음이 사라집니다. 아이들과 함께 있으면 그 아이들의 생명력이 내게 전해지는 것 같습니다.

며칠 전 밥을 먹는데, 앞에 앉은 1학년 아이 둘이 저희끼리 뭔가 쑥덕쑥덕 이야기를 합니다. 무슨 이야기를 하냐고 했더니 비밀이랍니다. 그래서 나도 비밀 이야기 하나 해 주겠다고 했지요. 비밀이니까 절대 다른 사람들에게 말하면 안 된다고 했지요.

"있잖아. 나… 사실은… 연예인이다."

"…"

"왜, 텔레비전에 나오는 사람 있잖아. 나… 선생님 되기 전에 텔레비전에 나온 적도 있다."

"진짜요? 그런데 왜 지금은 안 나와요?"

두 아이가 관심을 가집니다. 지금은 얼굴이 많이 바뀌어서 잘 못 알아보지만, 예전에는 길거리 가면 사인해 달래서 귀찮았다고 했습니다. 엄마, 아빠한테도 말하지 말라고 했습니다. 알아보면 사인해 달라고 해서 귀찮다고 했지요.

두 아이는 내 말이 끝나자마자 주위에 앉은 아이들에게 막 퍼뜨리고 다닙니다. 밥 먹다 말고 일어서서 돌아다닙니다. 옆에 앉은 우리반 아이 하나가 진짜냐고 묻길래, 너도 들었냐며 절대 다른 아이들에게 말하지 말라고 했지요. 고개를 끄덕이지만, 긴가 민가 믿기 힘들다는 표정입니다.

밥을 다 먹고 올라오는데 복도에서 만난 4학년 아이들이 물어봅니다. 나는 쉿 하고 집게손가락을 입에 대면서 진짜니까 다른 아이들에게 소문내지 말라고 합니다. 아이들은 또 신이 나서 동무들에게 뛰어갑니다.

수업 시간이 되었습니다. 우리 반 아이들이 궁금해 죽겠다는 표정으로 선생님 진짜 연예인이었냐고 묻습니다. 그렇다고 했더니 증거를 보여 달랍니다. 너희 태어나기도 전에 유행했던 똑순이 드라마 〈달동네〉에 나온 적이 있다고 했습니다. 눈치 빠른 아이들은 또 거짓말이라며 믿지 말라 합니다. 믿지 않아도 좋으니까 비밀을 지켜 달라고 했지요. 아이들은 또 헷갈립니다.

지나가는 투로 증거를 제시했습니다. 그럼 내가 어떻게 그렇게 옛이야기를 많이 알겠냐고 했지요. 지난번에 방송국에 출장 간 것도 드라마 때문이라고 하고(지난번 출장 갈 때 어디 가냐고 묻길래 방송국 간다고 한 적이 있거든요.), 방송국 피디들 명함도 막 보여 줬지요. (이러저러한 일로 명함 받아 놓은 것이 생각나서요.) 어쨌든 절대로 다른 반 아이들에게는 말하지 말라고 했지요.

다음 날이 되었습니다. 복도를 지나는데 아이 하나가 와서 묻길래, 절대로 말하지 말라고 당부를 했습니다. 한동안 끼리끼리 모이면 귓속말로 제 이야기를 할 것 같아서 기분이 좋아졌습니다. 우리 학교 아이들 이야기입니다.

편지에 아이들 이야기를 쓰고 났더니 쓸쓸한 마음이 사라졌습니다. 아이들에게는 새싹 같은 희망이 있습니다. 희망을 틔울 수 있는 시간의 숨결도 넉넉하고, 더운 생명력도 있습니다. 저는 선생이라 그것들을 조금씩 받아먹으며 삽니다. 그러니 잘 늙지 않습니다. 몸은 아니라도 마음은 20대입니다. 흐린 가을이라도 아이들과 함께 있어서 조금만 쓸쓸할 수 있습니다. 참 다행입니다.

2016년 9월 27일

덧붙이는 말

편지를 쓰기 전에 아이들에게 줄 장난감을 주문했습니다. 찐득이, 파이프 농구대, 요술 개구리알, 매미 자석, 펀치 총 같은 것들입니다. 하나에 사백 원 하는 것도 있습니다. 학기 초에 저는 이런 것들을 잔뜩 사 뒀다가 일기장을 다 쓰거나 뭔가 제 마음에 드는 일을 한 아이에게 선물로 줍니다. 교실 뒤에 있는 장을 열고 선물을 고를 때 아이들은 정말 행복해합니다.

얼마 전 일기를 다 쓴 아이가 선물이 떨어졌다고 하길래 오늘 주문을 했습니다. 28종류나 되는데, 하나하나 고를 때마다 제가 다 재미있습니다. 이걸 받고 좋아할 아이들 생각을 하니까 그렇습니다.

오늘 주문을 했으니 며칠 뒤면 한가득 상자가 올 것입니다. 그러면 또 아이들을 모아 놓고 하나하나 보여 주려고 합니다. 아이들이 얼마나 갖고 싶을까 싶습니다. 일기 쓰면 주는 멸치가 그렇게 먹고 싶다는 아이들이니까요.

2학기에 전학 온 아이 어머니가 어제 학교에 오셨습니다. 요즘은 멸치 똥 빼는 게 일이라고 했습니다. 방금도 멸치 똥을 빼다가 왔다 했습니다. 아이가 그걸 한가득 고추장에 찍어 먹는다고 합니다. 밥 먹을 때도 반찬으로 먹는데 하루는, "엄마, 우리 집 고추장은 왜 선생님 것처럼 색이 진하지도 않고 맛이 없어?" 하고 물었답니다. 고추장이 오래되어서 그런 건데, 말하지는 않았습니다.

저는 딱딱하고 뾰족합니다

"여전히 저는 딱딱하고 뾰족합니다.
트실트실한 보늬도 되지 못합니다.
새하얀 속살이 되어서 다른 이들을 살찌울 날은
언제 올지 알 수 없습니다. 아름답지 못하고 밉습니다."

오늘이 우리 학교 재량 휴일이라 혼자 학교에 나와서 편지를 쓰고 있습니다. 교실에 아이들이 없으니 참 조용합니다. 비가 오고 난 뒤라 하늘도 더 높아졌습니다. 가을입니다.

집 뒤 밤나무에서 밤이 떨어집니다. 일요일에는 숯불을 피워서 구워 먹었습니다. 마침 아이들 할머니께서 놀러 오셨지요. 할머니께서 따가운 밤송이를 벗겨 집으로 가져왔습니다. 숯불에 구워서 맨들맨들한 밤톨을 벗겨 내고 트실트실한 보늬도 벗겨 내면 달콤한 알밤이 나옵니다. 맛이 좋습니다.

우리말 '아름답다'는 말은 '알밤답다'에서 나왔다고 합니다. 김수업 선생님이 쓰신 《우리말은 서럽다》에 나오는 말입니다. 알밤은 본디

'알붐'이었다가 '아룸'이 되고 마침내 '아름'이 되었다고 합니다. 그리고 '알밤'에 우리 겨레의 세상 보는 눈이 감춰져 있다고 합니다.

겉모습으로 보고는 험상궂어서 쉽게 다가갈 마음도 먹기 어려운 밤송이를 한사코 벗겨 내고, 한결 나아졌지만 그래도 매끄럽고 딱딱한 밤톨의 껍질도 애써 까 내고, 한결 더 부드러워졌지만 텁텁하여 입에 대기 어려운 보늬까지 벗겨 내고야 만날 수 있는 알밤, 세 겹의 만만찮은 껍질을 벗기고 들어온 이에게는 하얗고 깨끗하고 단단한 속살과 고소하고 달콤한 맛을 남김없이 보여 주는 알밤, 그런 알밤은 온통 보얀 살결로만 이루어져서 어디를 뒤져보아도 흠도 티도 없이 깨끗하다. 겉으로 드러내어 떠벌리며 자랑하는 것이 아니라, 어리석고 미련한 사람은 좀처럼 닿아볼 수 없도록 겹겹이 깊숙하게 감추어진 알밤, 이런 알밤을 우리 겨레는 아름다움의 참모습으로 알고, 이런 알밤다우면 그것이 곧 아름다운 것이라 여겼다.

언젠가 이 글을 읽고 깜짝 놀랐습니다. 겨레의 말밑이 놀라웠고, 이런 뜻이 있다고 밝혀 둔 김수업 선생님 깊이가 놀라웠습니다. 그러고 곧장 저를 돌아보았지요.

저는 그렇다고 생각합니다. 겉으로 쉽게 다가갈 수 없는 따가운 밤송이입니다. 10년, 20년 겪은 가까운 사람들은 그 정도는 아니겠지만, 그저 밤톨처럼 딱딱하게 느끼는 것 같습니다.

저에게는 아직 보들보들하지만 떫은 보늬도 없고, 새하얀 속살도 없습니다. 온통 보안 살결로 이뤄져서 누군가의 입에 들어가고 그 힘으로 삶을 살아가게 하지 않습니다. 뾰족한 가시로 상처나 주지 않으면 다행입니다.

아름다움은 그런 것이었습니다. 속에 숨겨져 있다가 열매가 익는 가을이 되면 저절로 벌어지는 것입니다. 누군가 길을 가는 사람들 눈에 띄어 알밤을 내어 놓는 것이지요. 그러니 저는 아름다울 수가 없었습니다. 몇 번의 가을이 더 찾아와야 그렇게 될지 알 수가 없습니다.

우리 반에 동규라는 아이가 있습니다. 3학년인데도 글을 읽지 못합니다. 3월부터 《우리말 우리글》 책을 사다 놓고 읽기 시작했습니다. 가정 방문을 가서 어머니께 말씀드렸지요. 학교에서 읽힐 테니 집에서도 틈틈이 읽게 해 달라고 했습니다. 어머니께서는 알았다 했지만 여태 그렇게 하지 않습니다. 겉으로 말은 하지 않았지만, 못마땅하고 화가 났습니다.

학교에서 동규는 매일매일 글을 읽었습니다. 바빠서 제가 못 가르칠 때는 다른 아이들에게 부탁을 했지요. 학교에 오면 동무들과 놀아야 하는데, 동규는 그러지 못할 때가 많았습니다.

1교시 공부가 시작되면 동규가 맨 먼저 글을 읽습니다. 그러면 다른 아이들은 잠자코 듣습니다. 처음에는 떠들거나 듣지 않는 아이들도 있었는데, 제가 한번 야단을 친 적이 있습니다. 동규가 4학년 되어도 글을 읽지 못하면 어떻게 하냐고, 우리 모두가 동규 읽는 소리에 귀 기울여야 하지 않냐고 했지요. 뾰족한 밤송이처럼 말했습니다.

동규는 떠듬떠듬 글자를 외우며 글을 읽어 나갔습니다. 가을이 되었습니다. 지난주 금요일에 동규는 아주 긴 글을 읽었습니다. 아이들이 모두 손뼉을 쳤지요. 저도 칭찬을 해 주었습니다. 그러다가 또 걱정이 되었습니다. 이제 겨우 읽기만 하는데 쓰기는 또 어떻게 하냐 싶습니다.

"얘들아, 나중에 4학년 되면 선생님한테 동규 받아쓰기 매일 해야 한다고 말해라. 낱말로 하다가 한 줄씩 시키고, 나중에는 한 장씩 시키라고 해라."

애들이 알았다고 합니다. 원래는 어떻게든 제가 해야 하는 일인데, 저는 못 하고 다음 선생님에게 떠넘깁니다. 동규 어머니를 못마땅해하면서 제가 못마땅한 건 모릅니다. 그나마 동규 어머니는 동규를 먹이고 재우며 사랑으로 키우는데, 저는 선생이 되어서 글자 하나도 제대로 가르치지 못합니다. 여전히 저는 딱딱하고 뾰족합니다. 트실트실한 보늬도 되지 못합니다. 새하얀 속살이 되어서 다른 이들을 살찌울 날은 언제 올지 알 수 없습니다. 아름답지 못하고 밉습니다.

나무가 열매를 맺고, 하늘은 높아졌습니다. 가을입니다. 가을이 되었지만 우리 반 동규는 겨우 읽기만 하고 쓰지 못합니다. 열매를 맺지 못했습니다. 속이 비어서 딱딱하고 날카롭기만 한 선생에게 배우느라 열매 맺는 것이 더딥니다. 안타깝습니다.

2016년 10월 4일

덧붙이는 말

국어모임 회장이 되고 나서 여기저기 회의도 많이 가고, 연수도 오라는 곳이 있으면 거절하지 않고 갑니다. 알맹이도 없으면서 여기저기 기웃거립니다.

김수업 선생님은 "겉으로 드러내어 떠벌리며 자랑하는 것이 아니라, 어리석고 미련한 사람은 좀처럼 닿아볼 수 없도록 겹겹이 깊숙하게 감추어진 알밤"이 아름답다고 했습니다. 그 말 때문에 부끄럽습니다.

편지를 보내면 가끔 답장이 옵니다. 나이가 높으신 분도 많습니다. 그 선생님들은 겉으로 떠벌리며 자랑하지 않습니다. 가만히 그 자리를 지킵니다. 속을 들여다보지는 않았지만 알밤처럼 아름다울 것 같습니다. 그리고 보면 밤나무도 겉으로 드러내지 않고 늘 제 자리를 지킵니다. 제 자리를 지키는 것이 더 중요하다는 생각이 들었습니다.

흔들리며 살아갑니다

"저는 흔들리는 것이 좋습니다. 내 마음을 싸고 있는
딱딱한 껍질이 흔들리는 것이니까요.
흔들리다 보면 제자리를 찾을 것이고,
한 꺼풀 껍질도 깨어지겠지요."

날이 추워졌습니다. 어제는 연수를 갔다가 늦게까지 뒤풀이를 했습니다. 가게 바깥 테이블에 앉아서 맥주를 마시는데 추워서 덜덜 몸이 떨렸습니다. 버티다가 술병을 들고 가게 안으로 들어갔지요. 가을이 깊어지고 있었습니다.

지난여름에는 《삶의 이야기판을 펼치는 온작품 읽기》 책이 세상에 나왔습니다. 삶말출판사에서 처음 만든 책입니다. 강산배움터에 온 책 100권이 금세 팔렸지요.

책이 나오고 나서 연수를 한다고 이곳저곳을 다니게 되었습니다. 어떤 곳에서는 꼬박 여섯 시간을 이야기하고 돌아올 때도 있었습니다. 먼 곳을 갈 때면 새벽에 집을 나섰습니다. 새벽 4시에 일어나 대충 씻고 운전을 합니다. 그러면 9시나 10시에 도착해서 이야기를 시작했습니다. 힘에 부칠 때가 많았지만 온작품 읽기가 운동이 되어 더 넓게 퍼지면 좋겠다는 생각을 했던 것 같습니다.

지난 주말에도 대구를 갔습니다. 어제는 양평에 다녀왔고요. 오늘은 그때 만난 선생님들 이야기를 해보려 합니다.

대구에 내려갈 때도 새벽 4시에 일어났습니다. 식구들이 깰까 봐 조심해서 씻고 집을 나섰지요. 9시에 도착해서 이야기를 시작했습니다. 살아온 이야기도 하고 온작품 읽기가 뭔지, 왜 했는지, 하면서 어려운 점은 없었는지 그런 이야기를 하다가 세 시간이 흘러갔습니다. 거기 선생님들은 별것 아닌데 같이 웃어 주고 같이 쓸쓸한 마음으로 내내 지켜봐 주셨지요. 저는 눈을 맞춰 주셔서 고맙다고 인사를 드렸습니다. 진심이었습니다.

점심을 먹고 이번에는 김영주 선생님이 이야기를 시작하셨습니다. 잠깐 이야기를 하시고는 돌아가면서 이야기하자고 했습니다. 선생님은 자주 그렇게 합니다. 혼자 떠들고 오는 것은 삶을 나누는 게 아니라고 했지요. 멀리 가서 그리하고 오면 힘이 빠진다고도 했습니다. 거기 오신 선생님들 이야기를 듣고 오면 오히려 힘이 난다고 했습니다.

자기가 하고 싶은 이야기를 한 낱말로 말해 보라고 했습니다. 선생님들이 낱말을 말하면 모두가 "왜요~?" 하고 물었습니다. 물었으니 이야기를 시작합니다. 모든 선생님이 돌아가며 이야기를 했습니다. 어쩜 그리 다들 말도 잘하는지, 저절로 이야기판에 빠져들었습니다.

마지막 무렵에 이야기하신 선생님 말씀이 마음에 들어왔습니다. 그 선생님은 이곳에 와서 이야기를 나누다 보니 마음이 두둥실 떠오르는 것 같다고 했습니다. 몸이 아니고 마음 이야기를 한 것이지요. 저도 그렇게 느꼈습니다.

돌아오는 길에 김영주 선생님도 그때 이야기를 했습니다. 우리가 삶을 나눈다고 했는데 삶을 나누는 것을 어떻게 알 수 있겠냐면서 마음을 나누면 그게 삶을 나누는 게 아니겠냐고 했습니다. 사람은 함께하는 느낌, 나누는 기쁨을 자주 느껴 봐야지 앞으로도 쭉 그렇게 살아갈 수 있다고 했습니다.

저는 선생님들이 한 분씩 말씀하실 때의 그 눈빛도 잊지 못할 것 같습니다. 그야말로 착한 눈빛이었지요. 비어 있는 느낌이 들었습니다. 비어 있으니 그 속에 들어갈 수도 있을 것 같았습니다.

이현주 선생님은 사람과는 이야기 나누기 어렵다고 했습니다. 돌이나 나무 같은 사물과는 나눌 수가 있는데, 사람은 틀이 있어서 대화를 나눌 수 없다는 것입니다. 사람 중에서도 아이들과는 이야기를 할 수 있지만, 어른들과는 입을 닫는 것이 낫다고 했지요. 그 말이 옳다고 생각하면서 살아가고 있었지요.

그런데 그날 대구에서 만난 선생님은 달랐습니다. 사람과 나눈다는 것이 얼마나 기쁜 일인지 알게 해 주었습니다. 여러 차례 연수를 열어 오며 그런 느낌을 받을 때가 많았지만, 그날처럼 세게 느낀 적은 없습니다. 돌아오는 길에 김영주 선생님과 많은 이야기를 나누었습니다. 함께한다는 마음을 받으면서 살아간다는 것이 얼마나 좋은지, 앞으로도 이런 느낌으로 살아가자고 했지요.

어제는 양평에 갔습니다. 주제 수업 이야기를 하러 갔습니다. 두 시간 이야기를 하고, 선생님들 이야기도 들었습니다. 새롭다는 이야기를 해 주신 분도 있고, 흔들린다는 이야기를 한 분도 있었습니다. 저는 흔들린다고 말한 선생님들이 마음에 들어왔습니다. 새로 발령을 받은 젊은 선생님들이었습니다. 그 선생님들 눈빛은 진짜 흔들리고 있는 것처럼 느껴졌습니다.

저는 흔들리는 것이 좋습니다. 내 마음을 싸고 있는 딱딱한 껍질이 흔들리는 것이니까요. 흔들리다 보면 제자리를 찾을 것이고, 한 꺼풀 껍질도 깨어지겠지요. 별것 아닌 삶을 살고 있지만 지금의 저도 그런 딱딱한 껍질을 깨면서 살아온 것 같습니다. 깨어도 깨어도 여전히 딱딱하고 뾰족한 것들로 싸여 있지만 말입니다.

사람이 흔들리다가 껍질이 깨어지고 나면 새하얀 알맹이가 드러납니다. 그걸 우리말로 '알'이라고도 하고 '얼'이라고도 합니다. '깨닫다'와 비슷한 말인 '알다'도 저는 '알'에서 나온 말 같습니다. 사람의 마음속 깊은 곳에 들어가면 부드럽고 따뜻한 '알'이 있고, 그걸 알아채는 것이 '알다'라고 생각을 했지요.

그러니까 안다는 것은 내 삶 저편에 다른 사람의 삶이 있고 내 속에 있는 알처럼 다른 이들의 마음속에도 알이 들어 있다는 것을 아는 것입니다. 서로 나누어야만 내 속의 알도 보고 다른 이들의 알도 알게 되는 것이겠지요.

2016년 10월 11일

그때뿐입니다

"말로만 했던 것 같습니다. 저부터
그렇게 살면 되는데, 그렇게 하지 못했습니다.
내가 아끼고 귀 기울였으면 다른 아이들도
그랬을 것 같은데, 저는 그러지 못했습니다."

아침에 담쟁이 이파리가 붉게 변한 걸 보았습니다. 학교 마당 은행
잎도 나무 꼭대기부터 노랗게 물들어 갑니다. 나무가 온통 노랗게 물
들면 찬바람이 불겠지요. 아무것도 하지 않은 것 같은데 시간은 자꾸
만 앞으로 갑니다.

아이들도 많이 자랐습니다. 3학년 처음 올라올 때와는 다릅니다. 선
생님 마음도 잘 헤아려 주고, 동무들과도 잘 다투지 않습니다. 지난
상담 때 한 어머니가 오셔서 아이들이 많이 자란 것 같다고, 선생님
덕분이라고 했습니다. 그러다가 예진이 이야기를 꺼냈습니다. 다른
아이들이 예진이 이야기를 많이 한다고 했습니다. 예진이가 싫다고,
예진이가 전학 가면 좋겠다는 말을 들었다고 했습니다.

저도 아이들에게 예진이 이야기를 많이 합니다. 예진이 생각도 많이 하지요. 어젯밤에도 예진이 생각을 하면서 잠이 들었습니다. 내가 더 따뜻하게 대해 주면 아이들도 나를 본받을 것 같다는 생각을 했습니다. 오늘부터 제대로 실천을 해야겠다 마음먹었지요.

간밤에 마음먹은 것은 어디로 갔는지, 아침에 예진이에게 소리를 지르고 말았습니다. 저도 왜 그랬는지 모르겠습니다. 교실에 들어서는데 예진이가 동무들에게 소리를 지르고 있는 걸 봤습니다. 무슨 일인가 싶어 다가가는데, 저에게도 소리를 지르며 막 뭐라고 하는 겁니다. 저도 대뜸 소리를 지르고 말았지요.

내가 뭘 잘못했는데 나한테 소리를 지르냐고 저도 소리를 질렀습니다. 예진이도 지지 않고 선생님이 다른 애들 말만 듣는다고 소리를 지릅니다. 저는 화가 나서 더 큰 소리를 냈습니다. 내가 방금 들어왔는데 언제 다른 애들 편을 들었냐고 빽빽거렸지요. 예진이가 제 소리에 놀라 멈췄습니다. 예진이를 잠시 세워 두었다가 진정되는 것 같길래 가만히 불러서 물어보았습니다.

연서가 뭐라고 했다는 겁니다. 연서에게 물어보니, 오늘은 예진이 당번이 아닌 것 같다고 말했는데 예진이가 소리를 질렀다고 했습니다. 그래서 "연서 너는 좋게 이야기했니, 나쁘게 이야기했니?" 물었지요. 그냥 몰라서 물어봤다고 억울하다는 표정입니다.

예진이에게도 물어보니 연서 말이 맞다고 합니다. 그런데 왜 소리를 질렀냐고 하니까 예진이는 가만히 있습니다. 다음부터는 소리 지르지 말고 나한테 이야기하라고 말하고 돌려보냈습니다. 예진이는 기분이 좋아졌는지 춤을 추면서 들어갑니다. 저는 속이 상합니다. 아침부터 예진이에게 소리를 질러서 속이 상합니다. 다른 애들 편을 든다는 예진이 말 때문에 더 그런 것 같습니다.

사실일지도 모릅니다. 오늘처럼 소리 지르지는 않지만, 예진이에게 꾸짖는 말을 할 때가 많습니다. 공부 시간에도 쉬는 시간에도 그렇습니다. 어떨 때는 좀 봐주고 싶은데 다른 아이들이 이릅니다.

"선생님, 예진이가 머리카락 뽑아요."

"뽑지 마!"

"선생님, 예진이가 코딱지 먹어요."

"먹지 마라."

"선생님, 예진이가 종이 찢어서 먹어요."

"하지 마!"

아이들은 이르는 게 습관이 됐는지 어떨 때는 예진이가 춤춘다고 이를 때도 있습니다. 그러면 "야, 춤추는 게 뭐 어때서?" 합니다.

모둠을 짤 때는 예진이와 하지 않으려 합니다. 제가 난감하다는 표정을 지어야 몇몇 아이가 예진이와 모둠을 하겠다고 합니다. 그렇게 그냥저냥 넘기다가 어떤 날은 좀 화가 나서 아이들에게 잔소리를 합니다. 예진이가 잘못한 것도 있지만, 너무하는 것 아니냐고 합니다. 아이들은 가만히 듣습니다. 듣기만 하고 달라지지는 않습니다.

얼마 전에는 예진이 할머니에게서 전화가 왔습니다. 월요일 차 마시는 시간에 아이들에게 과자를 넣어 주고 싶은데 그래도 되냐고 하셨습니다. 저는 안 그러면 좋겠다고 했습니다. 그런 데 돈 쓰시지 말라고, 그래도 아이들은 고마운 줄 모른다고, 그때뿐이라고 했습니다. 어떨 땐 미울 때도 있다고 했습니다.

예진이 할머니께서 한참 이야기를 하십니다. 우리 예진이가 어떤지 잘 알고 있다고 합니다. 예진이가 잘난 척 뽐을 내고, 다른 사람 이야기를 듣지 않는 것도 잘 안다고 합니다. 아이들이 잘 대해 줘서 머리카락 뽑는 것도 이젠 많이 줄었다고 합니다. 할 말이 없습니다. 그저 미안한 마음이 듭니다.

할머니께서는 어제 아침에 기어이 과자를 사 오셨습니다. 녹차를 끓여서 과자와 함께 먹었습니다. 아이들에게 예진이 할머니와 통화한 것을 이야기했습니다. 아이들은 예진이에게 과자 먹어서 고맙다고도 하고, 쉬는 시간에 챙겨 주기도 합니다. 하지만 그때뿐입니다.

은행나무 꼭대기가 노랗습니다. 편지 쓰는 동안 조금 더 물들었나 봅니다. 하루가 다르게 아래로 내려올 것입니다. 가을이 깊어지겠지요. 예진이와 헤어질 날도 가까워집니다. 그동안 뭘 했나 싶습니다.

말로만 했던 것 같습니다. 저부터 그렇게 살면 되는데, 그렇게 하지 못했습니다. 내가 아끼고 귀 기울였으면 다른 아이들도 그랬을 것 같은데, 저는 그러지 못했습니다.

오늘 아침도 그렇습니다. 맺힌 것이 많으니까 별것 아닌 일에 소리를 질렀을 겁니다. 같이 소리를 질러서 막는 것밖에 할 줄 모르는 선생을 보면서 아이들이 무슨 생각을 했을까 싶습니다. 똑같이 할 것 같습니다. 예진이가 소리를 지르면 선생님도 소리를 지르는구나, 생각했을 겁니다. 그랬다면 예진이에게 나도 소리를 질러야겠다 생각했겠지요. 무섭습니다.

아이들이 과학실에 갔습니다. 돌아오면 예진이한테 미안하다고 해야겠습니다. 진짜 미안합니다.

2016년 10월 18일

덧붙이는 말

우리 반 아이들이 그때뿐이라고 했지만, 그건 제가 더 그렇습니다. 지난밤에도 예진이 생각을 하며 잠이 들었지만, 그때뿐이었지요. 지금 예진이에게 드는 미안한 마음도 얼마나 오래갈지 모릅니다. 수많은 결심이 있었지만 허물어지기 바빴습니다. 뜻이 바르지 못해서 그런 것 같습니다.

우리 반 아이들이 그때뿐인 것도 저 때문입니다. 남 탓할 것 없습니다. 참 부끄러운 일입니다.

생각만 해도 두근거립니다

"길을 가다가 되돌아올 때도 많았습니다. 그때도
사람들이 함께 있으니 서로 기댈 수가 있었지요.
무엇을 이루어서 좋은 것이 아니라,
함께 살아가는 것이 좋았던 것 같습니다."

은행나무가 온통 샛노랗습니다. 드문드문 연둣빛이 남았지만, 시간을 거스를 수는 없습니다. 가을이 깊어집니다.

요즘 저는 주말에 집에 있을 때가 드뭅니다. 새벽에 차를 타고 나가서 밤에 들어올 때가 많습니다. 어떤 날은 하룻밤 자고 오기도 합니다. 온작품 읽기를 이야기하러 갈 때도 있고, 주제 수업을 이야기하러 갈 때도 있습니다. 가서는 제 이야기만 하지 않고 거기 오신 선생님들 이야기를 듣습니다. 저는 그럴 때가 좋습니다. 선생님들 이야기를 듣다 보면 외롭지가 않습니다.

지난 주말에는 광주에 다녀왔습니다. 온작품 읽기 이야기를 하고 오후 늦게까지 광주, 전남 선생님들과 마음을 나누었습니다. 가만히 이야기를 나누다 보니 마음이 따뜻해졌습니다.

올라오다가 천안에서 하룻밤 자고 '작은학교연대' 선생님들을 만났습니다. 거기는 국어모임 선생님들도 많아서 반가웠습니다. 전북의 윤일호 선생님은 나무로 체육관 지은 이야기를 해 주셨고, 상주의 어떤 선생님은 마을에 장을 만들었다는 이야기를 들려주었습니다. 작은학교 통폐합 때문에 걱정이 많다는 이야기도 들었습니다.

이틀을 나가 있어서 어제는 나가지 말아야지 생각했지만, 그러지 못했습니다. 양평 마을학교모임에 다녀왔습니다. 그러고 보니 어제는 학교에 있을 때부터 바빴습니다. 수업을 마치고 나서는 노인회장님을 만났습니다. 우리 반 아이들이 만든 동화책을 더 많이 찍는 문제로 이야기를 나누었지요. 그러다가 문득 상주 선생님 이야기가 생각났습니다. 노인회장님께 우리 물골안에도 장이 서면 어떻겠냐고 했더니 대번에 좋다고 하면서 한번 해 보자고 합니다.

학교로 돌아와서는 어떻게 하면 학교가 도울 수 있을지 교장 선생님과 이야기했지요. 교장 선생님은 우리 학교를 열어서라도 돕겠다고 합니다. 사람들이 서로 거들면 힘든 일도 힘들지가 않습니다. 내일부터는 더 많은 사람을 만나 봐야겠다는 생각이 듭니다.

면장님도 만나고, 부녀회장님과 이장님도 만나 봐야겠습니다. 물골안에서 공방을 하거나 물건을 파는 분들도 만나면 좋을 것 같습니다. 사람들을 만나다 보면 길이 열릴 것 같습니다.

저녁에는 양평 서종초에 갔습니다. 서른 분 정도가 모였습니다. 처음에는 이만큼 오시지 않았는데 조금씩 늘었습니다. 한 학교에서 한 분 선생님이 오셨다가 다음 모임에는 두 분, 세 분 이렇게 늘어납니다. 윤승용 선생님이 학교에서 실천한 이야기를 하는데 눈빛을 반짝이며 귀 기울입니다.

돌아가면서 한마디씩 할 때도 자기 반 이야기를 합니다. 저도 가만히 귀를 기울입니다. 남 이야기가 아니라 자기 이야기를 하니까 서로 이야기가 섞입니다. 이야기가 섞이니 잘 모르는 선생님도 남 같지가 않습니다. 삶이 섞이는 느낌입니다. 갈 때마다 도시락과 과일을 준비해 주시는 서종초 선생님들도 한 마을 사람들처럼 정겹습니다.

집으로 돌아올 때는 괜히 기분이 좋습니다. 배 속 깊은 곳에서 따뜻한 김이 나오는 것 같습니다.

돌이켜 보면 늘 그랬습니다. 사람들과 함께 있으면 힘이 나고 새로 갈 길이 보였습니다. 저는 그 길을 따라 여기까지 왔지요. 처음 선생이 되어 헤맬 때도 이야기할 수 있는 사람들이 있어서 견딜 수 있었습니다. 답답한 이야기를 맘껏 하고 밤늦게 뒤풀이를 하다 보면 다시 일주일 살아갈 힘이 생겼습니다.

교과서가 문제라고 남 탓만 하며 살 때도 선생님들을 만나면서 마음이 풀어졌습니다. 대안 교과서를 만들어 보자고 누가 이야기를 하니까 너도나도 눈빛을 반짝이며 이야기를 섞었습니다. 10년 가까이 걸렸지만《우리말 우리글》을 세상에 내놓을 수 있었습니다. 꿈결 같은 이야기입니다.

길을 가다가 되돌아올 때도 많았습니다. 그때도 사람들이 함께 있으니 서로 기댈 수가 있었지요. 무엇을 이루어서 좋은 것이 아니라,

함께 살아가는 것이 좋았던 것 같습니다. 살아 있다고 느낄 때가 많았으니까요.

어제도 그런 느낌이었습니다. 마을학교모임이라고 해 놓고 무엇을 할지, 어떻게 할지 아무것도 없었지만 이러다 보면 길이 생기겠구나 싶었습니다. 괜히 기분이 좋아질 때는 그런 까닭이 있는 법이지요. 그게 뭔지 잘 모르고 살았는데, 어제 돌아오는 길에 알 수 있을 것 같았습니다.

이 편지를 보내고 나면 전화를 해야 하겠습니다. 얼마 뒤면 남양주 선생님들 잔치를 합니다. 전교조에서 그 일을 맡아 달라고 해서 준비를 했습니다. 사람이 많이 오지 않아서 걱정이었지요. 요즘은 공문을 보내도 잘 보지 않는다고 해서 답답했습니다.

그러다가 어제 생각이 났습니다. 여기 남양주에서 20년을 살아왔습니다. 내가 아는 사람만 해도 몇 명이고, 살아온 삶이 얼만가 싶었습니다. 바빠서 못 올 수도 있지만, 여기 사람들이 모인다고 이야기를 해 주어야 할 것 같습니다. 전화를 하면 한 명이라도 올 것만 같습니다. 그 한 명의 선생님이 얼마나 반가울지 생각만 해도 두근거립니다. 막 껴안아 주고 싶을 것 같습니다.

2016년 10월 25일

덧붙이는 말

저는 늘 제가 이야기판을 마련하는 사람이라고 생각하며 살았습니다. 국어모임 회장을 맡은 까닭도 그랬던 것 같습니다. 사람들을 불러 모으고, 먹을 음식을 준비하고, 편하게 이야기 나눌 수 있게 자리를 펴는 것이 좋았습니다. 언젠가부터 그런 일이 어렵다고만 생각했는데, 제가 잘 몰랐던 것 같습니다.

다음 주말에는 대전에서 지역 모임을 하고 있는 선생님들과의 회의가 있습니다. 문자를 보내도 답이 없어서 막막할 때가 있었지요. 그렇게 생각하며 가만히 있었던 것입니다. 참 바보 같은 일입니다. 내가 한걸음 더 다가가야 했습니다. 그래야 우리들 서 있는 거리가 좁혀지기 때문입니다.

선생님들도 저처럼 답답할 때가 많을 것 같습니다. 그럴 때는 사람들을 만나면 좋겠습니다. 학교 밖에서 만나도 되고, 옆 반 선생님과 만나도 될 것 같습니다. 실컷 수다를 떨고 마음이 풀어지고 나면 할 일이 생기겠지요. 그 일을 하다 보면 갈 길도 뚜렷해질 것 같습니다. 그 길을 따라가다 보면 외롭지가 않을 것 같습니다.

4부

겨울
- - - - - - - -

일과 공부와 놀이가 하나입니다

"아이들은 공부도 일처럼 놀이처럼 하고 싶어 합니다.
교실에서만 하지 말고 밖에 나가서 몸을 움직여 가며
하자고 합니다. 공부를 놀이처럼 일처럼 하고 싶은
마음 때문일 것입니다."

어제는 등이 아파서 한의원에 다녀왔습니다. 날이 추워지니까 또 그런가 싶어서 침도 맞고 뜸도 떴습니다. 의사 선생님 말씀이 배가 아파서 그럴 수도 있다더니, 어제 저녁에는 온몸에 힘이 없고 배가 아팠습니다. 열세 시간을 자고 일어나서 학교에 왔는데 아무래도 안 되겠다 싶어 병원에 가서 약을 처방받아 왔습니다. 배탈이 난 것 같다고 했습니다. 배알이 부글부글하지만 약을 먹어서 그런지 훨씬 편합니다.

배가 아픈 건 지난 화요일의 연구소 뒤풀이 때문인 것 같습니다. 그날은 책 읽은 이야기도 오래 하고, 못다 한 이야기를 하느라 뒤풀이도 길었습니다. 이오덕 선생님의 《우리글 바로 쓰기 3》을 읽고 이야기를 나누었는데, 오늘은 그 이야기를 해 보려고 합니다.

저는 매주 화요일마다 연구소에 나갑니다. 이오덕, 김수업 선생님의 책을 읽고 실천하면서 살아가자는 뜻으로 만든 모임입니다. 거기에 가면 먼저 누군가 싸 온 간식을 먹고 일주일 동안 살았던 이야기를 합니다. 그러고 나서 그날 공부하기로 한 이야기를 하는데, 누구든 자기가 하고 싶은 이야기를 미리 글로 써 옵니다.

그날은 김영주 선생님이 써 온 글이 마음에 닿았습니다. 거기에 "함께 일하는 뜻을 세우고 함께 풀어 갈 때 일다워진다."고 써 있었습니다. 남한산초등학교에 처음 갔을 때 일뿐 아니라 사람에게 소외되었던 이야기도 있었고,《우리말 우리글》을 함께 만들면서 모임이 더 단단해졌다는 이야기도 있었습니다. 그러면서 이렇게 말했습니다.

"나와 그렇게 다른 사람들과 어떻게 함께 살아갈 수 있었나 돌아보니, 그 가운데에 '함께 하는 일'이 있었어요."

아! 그랬구나 싶었습니다. 함께 살아가려면 함께 일을 해야 했던 것이지요. 누구는 앞에서 일을 시키고, 누구는 뒤에서 시키는 일만 하면 일에서도 삶에서도 따돌림을 당하게 됩니다. 서로 따돌리는 삶은 함께 나눌 수가 없지요.

집에서도 그럴 때가 있습니다. 가끔 우리 집 아이들에게 일방적으로 시킬 때가 있습니다. 장난감 치워라, 옷 걸어 두어라, 양말 통에다 넣어라 같은 일입니다. 그러면 아이들은 자꾸 하지 않으려 하고 늑장을 부립니다. 그런데 함께 하자고 하면 자기가 하지 않아도 되는 일까지 하려고 애를 씁니다. 책장 앞을 닦는 일이나 방바닥 닦는 일까지 합니다. 함께 해서 그런 것이었습니다.

혼자 하는 일은 쓸쓸하기도 합니다. 옆집 아저씨가 혼자 밭에 있는 걸 보면 쓸쓸할 듯싶어 가끔 저도 나가서 거듭니다. 비닐도 잡아 주고, 모종도 날라 주고, 호미질도 가래질도 함께 합니다. 별 도움은 안 되지만 그렇게 하고 돌아오는 길은 저도 농부가 된 것 같아서 뿌듯하곤 합니다. 집에 돌아와서 막걸리라도 한잔씩 돌리면 더 좋습니다. 더 이상 쓸쓸하지가 않습니다. 이렇게 오랫동안 나누면서 살고 싶은 마음이 듭니다.

학교에서는 공부를 하지만, 일을 할 때도 있습니다. 공부는 선생인 제가 가르치고 아이들이 배웁니다. 가르치고 배우는 사람이 딱 정해져 있어서 싫어도 어쩔 수 없이 해야 할 때가 많습니다. 그러다가 가끔 공부가 일처럼 될 때가 있습니다. 어제도 그랬습니다.

정근이 할아버지한테 볏짚 두 단을 받아서 한 단은 새끼줄 꼬기 연습을 하고 한 단이 남았습니다. 움집을 지으려고 남겨 둔 것입니다. 학기 초에 아이들과 뭘 공부할지 의논하면서 가을에 함께 움집을 짓자고 했지요. 지난주에는 내내 추워서 바깥에 나갈 생각도 못 하다가 어제 안개가 걷히자마자 학교 앞 오솔길로 나갔습니다.

여럿이 함께 하라고 했더니 금세 모둠을 지어서 일을 시작합니다. 뼈대로 세울 나뭇가지를 주워 오는 아이, 기둥 받치는 돌멩이를 주워 오는 아이, 볏짚으로 지붕을 엮는 아이 모두가 바쁘게 움직입니다. 얼마 지나지 않아서 오솔길에 다람쥐가 들어갈 만한 움집 몇 채가 지어졌습니다.

어떻게 지었는지, 어떤 게 힘들었는지 말해 보라고 하니까 다들 말이 많습니다. 평소에 발표를 잘 안 하던 아이들도 말을 잘합니다. 제 몸을 움직여서 한 일이라 그런 것 같았습니다. 저도 어제는 아이들에게 잔소리를 하지 않고 함께 집을 만들었습니다. 볏짚 묶는 것을 잘 못하길래 일일이 돌아다니면서 도와주었더니 아이들이 무척 좋아했습니다. 제가 지붕 엮는 기술자가 된 것 같았습니다.

이오덕 선생님은 일과 공부와 놀이가 하나가 되면 좋겠다고 합니다. 일이 잘되면 놀이처럼 될 때가 있습니다. 임재해 선생님은 일을 하러 나가면서 풍물을 앞세워 가는 겨레는 우리밖에 없을 거라고 합니다. 일이 놀이처럼 되면 좋겠다는 바람 때문이 아닐까 합니다. 하지만 공부는 그렇게 되기가 어렵습니다. 가만히 생각해 보니 그건 아이들 때문이 아니라 선생 때문인 것 같습니다.

아이들은 공부도 일처럼 놀이처럼 하고 싶어 합니다. 우리 반 아이들도 제발 공부를 재미있게 가르쳐 달라고 합니다. 교실에서만 하지 말고 밖에 나가서 몸을 움직여 가며 하자고 합니다. 공부를 놀이처럼 일처럼 하고 싶은 마음 때문일 것입니다.

하지만 선생인 나는 몸 움직이는 것을 그리 좋아하지 않습니다. 안전한 교실에서 안전한 자기 의자에 앉아 안전하게 내 말을 듣기를 바랍니다. 아이들이 갑갑하다고 해도 참으라고 합니다. 가르치는 사람의 자리에만 서 있으려고 하니까 배우는 사람들과 어울리기 어렵습니다. 모두 저의 문제입니다.

국어모임도 그렇습니다. 온 나라에 흩어져서 겨우 서로의 소식만 듣고 맙니다. 어디서 어떤 선생이 어떻게 하고 있다더라 하는 이야기는 떠돌지만 함께 일을 하지는 않습니다. 예전에 《우리말 우리글》을 만들 때는 한 달에 한 번씩 모여서 새벽까지 이야기를 나누고 헤어져도 힘들지 않았습니다. 회의가 새벽 4시에 끝나고도 뒤풀이를 한다고 동이 틀 때까지 해장국집에 앉아 있었지요. 함께 하는 일이 있었기 때문에 할 이야기도 많았습니다. 멀리 떨어져 있어도 내 이웃처럼 가까웠습니다. 그때 만났던 선생님들과 어디까지라도 함께 가 보자 마음을 먹기도 했습니다. 지금은 그때 일이 까마득합니다.

국어모임 회장이 되고 나서 무슨 일이든지 함께 하고 싶었습니다. 이번에 하려는 동화 소개 부록이 그 첫 번째 일입니다. 온 나라 모든 선생님이 한 분도 빠지지 않으면 좋겠지만, 첫술에 배부를 수는 없습니다.

겨울 연수도 지역 모임 선생님들이 함께 모여서 꾸려 가도록 했습니다. 둘째 날 하는 문화 공연도 강강술래로 정했습니다. 말 그대로 함께 어우러지는 대동 놀이입니다.

〈어린이와 함께 여는 국어 교육〉 계간지 만드는 일도 함께 하려는 마음을 담았습니다. 유명한 사람들의 글보다는 모임 회원들의 글을 실을 수 있는 회지가 되면 좋겠다 했더니, 편집장을 맡은 진현 선생님께서 좋다고 맞장구를 쳐 주셨습니다. 참 고마운 일입니다.

글을 쓰다 보니 우리 집 아이들 잘 시간이 되었습니다. 함께 누워야 잠도 잘 오는지 아이들은 저희가 잘 때까지 함께 누워 있자고 합니다.

2015년 11월 5일

덧붙이는 말

그날 모임에서 살아가는 이야기를 할 때 장상순 선생님이 아이들에게 거짓말을 하지 않도록 가르치는 것이 중요하다는 말을 했습니다. 왜 그러냐고 했더니, 텔레비전에 나와서 말하는 것들이 온통 거짓말인데 눈 하나 깜짝하지 않고 어찌 저럴 수 있나 싶었다고 했습니다. 삶이 진실되지 않으니 말도 그런가 싶습니다. 자기는 하지 않고 시키기만 하니 그렇게 말한다 생각이 들었습니다. 저들처럼 되지 않아야겠다 싶었습니다.

아이들 때문에 웃습니다

"매년 새로운 아이들을 맞이하고, 서로를 알아 나가다가
또 해가 바뀌면 그 아이들을 하나씩 잊어 가는 일이
되풀이됩니다. 좀 길게 살아 봐야겠다 싶어서
이곳 물골안으로 들어왔습니다."

중간 놀이 시간부터 비가 내립니다. 교실이 비 때문에 어둡고 춥습니다. 아이들이 있을 때는 따뜻한 기운이 돌았는데, 아이들이 집으로 돌아가고 나니 더 춥습니다. 불을 환하게 켜 놓아도 그렇습니다. 긴 겨울이 시작되려나 봅니다.

비 때문에 나가 놀지 못한 아이들이 라면을 끓여 달라고 해서 오늘도 한 컵씩 나눠 먹었습니다. 그렇게 후후 불어서 함께 먹고 나면 내가 선생이라서 행복하다는 생각을 합니다. 아이들 때문에 웃을 때가 많고, 아이들 때문에 힘을 내곤 합니다. 집에서도 그렇고 학교에서도 그런 것 같습니다. 부부 싸움을 하거나 다른 선생님과 언짢은 일이 생겨도 아이들이 있으니까 금세 잊을 수 있습니다. 아이들이 없다면 어

른들만 무슨 재미로 살까 싶기도 합니다.

지난번에 밥을 먹다가 우리 반 연경이가 갑자기 물어봤습니다. "선생님 영어로 사과가 뭔지 아세요?" 하길래, "내가 그렇게 어려운 걸 어떻게 알아." 했습니다. 연경이는 그럴 줄 알았다는 표정을 짓더니, "애플."이라고 합니다. 내가 못 알아듣는 것처럼 하니까, "애플이라니까요, 애플." 합니다.

뭘 알면 겸손할 줄 모르는 아이들이 귀여워서 옆에 있는 다른 아이들에게도 연경이가 이렇게 어려운 걸 안다고 말해 줬습니다. 그랬더니 다른 아이들도 신이 나서 자꾸 문제를 냅니다. 금은 금인데 빛나지 않은 금은 뭐냐, 300 더하기 300은 뭐냐, 하면서 가지가지 문제를 냅니다. 나도 신이 나서 자꾸 틀립니다. 선생님이 자꾸 틀리니까 저희끼리 얼마나 좋은지 모릅니다. 자꾸 나에게 가르쳐 주려 하고, 나중에는 그것도 모른다니 도와줘야겠다는 표정도 짓습니다. 옆에 있던 석경이가 자기는 영어로 글씨도 쓸 줄 안다면서 교실로 나를 끌고 가서 칠판에 써 줍니다.

진짜 하나도 안 틀리고 다 맞습니다. 나는 이것도 글씨냐고 물으면서 어떻게 이런 것을 다 아냐고 눈을 동그랗게 떴습니다. 석경이는 그만 어깨에 힘이 들어갑니다. 다른 아이들도 질세라 칠판 연필을 받아서 덧셈 문제도 내고, 한자 문제도 냅니다. 이제 무식한 선생님은 제쳐 두고 똑똑한 자기들끼리 문제 내기 놀이를 하며 한참을 놉니다.

어느 날 교빈이가 "내년에는 몇 학년 선생님 해요?" 하고 물어봤습니다. 다른 아이들도 궁금한지 내 입을 쳐다봅니다. 나는 잘 모르겠다고 했습니다. 학교에서는 해마다 선생님끼리 시험을 보는데 공부를 잘한 선생님은 6학년을 맡고, 시험을 못 친 선생님은 1학년을 맡는다고 말해 주었습니다. 지난해에는 너무 시험을 못 봐서 1학년을 맡게 되었다고 했습니다.

아닐 것 같기도 하고 그럴 것 같기도 해서 아이들은 헷갈립니다. 마침 옆에 6학년 박길훈 선생님이 지나가길래, "시험 봐서 선생님 정하는 것 맞지요?" 하고 물어봅니다. 박길훈 선생님이 그렇다고, 본인은 공부 시험을 잘 봐서 6학년 선생님 되었다고 뻐기며 말합니다. 6학년 언니, 오빠 들을 가르치는 선생님까지 그렇게 말하니까 아이들은 그만 믿어 버립니다. 그러면서 걱정스럽게 나를 쳐다봅니다. 공부를 못하는 선생님이 불쌍한가 봅니다.

나는 아이들을 속이는 게 재미가 납니다. 지난해 시험에서 수수께끼가 어려운 게 나와서 그만 꼴찌가 되었다고 했습니다. 올해는 수수께끼 공부를 더 많이 해야겠다고 말했더니, 아이들이 도와주겠다고 다짐을 합니다. 그 뒤로 아이들이 점심시간이나 쉬는 시간에 수수께끼를 냅니다. 석경이는 아예 수수께끼책을 가져와서 문제를 냅니다. 덕분에 수수께끼를 아주 많이 알게 되었습니다. 아이들은 지난번에 낸 문제를 선생이 자꾸 틀리니까 답답한 것 같습니다.

그렇게 가을이 깊어졌습니다. 가을이 깊어지니까 학교 마당에 세워 두었던 허수아비의 치마가 자꾸 내려갑니다. 비도 오고 바람도 부니까 그런 것 같았습니다. 아이들과 차를 마시면서 그 이야기를 했습니다. 아이들이 이제는 허수아비를 그만 뽑자고 해서 어제 오후에 학교 마당에 나갔습니다. 허수아비를 뽑아서 옷을 벗기고 볏짚을 꺼내서 버렸습니다. 십자로 만든 나무는 내년에 다시 만들 때 쓰자고 학교 창고에 넣어 두었습니다. 이제 아이들과 함께 겨울날 채비를 해야 할 것 같습니다.

겨울이 되면 더 쓸쓸해질 것입니다. 겨울을 보내고 나면 아이들과 헤어지기 때문입니다. 다른 곳으로 가는 것도 아닌데 그렇습니다. 한 해살이에 길들여져서 그런 것 같습니다. 매년 새로운 아이들을 맞이하고, 서로를 알아 나가다가 또 해가 바뀌면 그 아이들을 하나씩 잊어 가는 일이 되풀이됩니다. 좀 길게 살아 봐야겠다 싶어서 이곳 물골안으로 들어왔습니다. 올해 만났던 아이들을 한 번 더 가르치고 싶은 마음이 듭니다. 6학년이 될 때쯤이면 좋을 것 같습니다. 그냥 혼자 생각입니다.

비가 그치지 않습니다. 줄곧 내릴 것 같습니다.

2015년 11월 13일

쓸데없는 걱정을 했습니다

"아이들 소박한 작품을 고치지 말고 있는 그대로
봐 줘야 한다는 말이 생각났습니다. 아이들이 진지하고
재미있게 한 것이라면 존중해야 한다는 뜻이었습니다.
그 속에 아이들 삶이 들어 있기 때문입니다."

이번 주에는 우리 학교에서 물골안 잔치를 합니다. 다른 학교에서는 학예회라고 부르는 것입니다. 다른 반은 발표를 많이 하지 않는데 우리 반은 네 개나 하게 되었습니다. 지난주 월요일에 차 마시며 이야기를 나눴는데, 아이들은 이것저것 하고 싶은 것이 많은 모양입니다. 줄이고 줄였는데 그렇게 되었습니다.

3월에 《지각 대장 존》으로 연극을 한 적이 있습니다. 따로 관객도 없고, 교실에서 책을 읽어 주고는 연습도 없이 곧장 한 것입니다. 물론 분장이나 소품도 없었습니다. 아이들은 그림책 속에 나오는 존이 되고 악어, 사자, 선생님이 되어서 신나게 놀았습니다. 아이들도 즐거워했지만 지켜보는 저도 무척 재미가 있었습니다. 이것저것 재지 않고 놀이 속으로 쑥 빠져드는 아이들이 놀라웠습니다.

아이들도 그때 생각이 났는지 《지각 대장 존》으로 연극을 하자고 했습니다. 저도 그러면 좋겠다고 했습니다. 라면 상자를 잘라서 악어 꼬리를 만들고, 종이로 사자탈과 고릴라탈을 만들었습니다. 그러고 조금씩 연기 연습을 했지요. 걸어 나올 때는 이렇게 해라, 말소리를 더 뚜렷하게 내라, 좀 천천히 걸어라 하며 이야기를 했습니다. 아이들에게는 연습을 한다고 해 놓고 어느새 잔소리를 하고 있었지요.

연극 놀이를 하는데 지난번처럼 재미나지가 않았습니다. 아이들은 점점 제 잔소리에 주눅이 들었지요. 저는 그것도 모르고 제대로 하지 않는 아이들이 답답했습니다. 하루는 보미가 연극이 재미가 없다는 겁니다. 지난번에는 재미있었는데 이제는 하고 싶지 않다고 했습니다. 다른 아이들도 옆에서 듣고 있더니 고개를 끄덕였습니다.

저도 속이 상했습니다. 한다고 해 놓고 안 하면 어떻게 하냐, 연극 놀이랑 연극 공연은 다르지 않냐, 했습니다. 연극 놀이는 우리가 재미있으면 되지만, 연극 공연은 보고 있는 사람이 재미있어야 한다고 말했습니다. 목소리를 크게 해서 보는 사람이 알아들을 수 있게 해야 된다고 말했지요. 아이들은 더 풀이 죽었습니다. 재미가 없어도 해야 된다고 하는데, 뭐라 할 말이 없었을 겁니다. 저는 그런 마음도 잘 몰랐습니다. 그저 내 마음만 생각했지요. 부끄러운 일입니다.

목요일은 연극 선생님이 오시는 날입니다. 지난 목요일에 연극 선생님께서 수업을 하러 오셨길래 한번 해 보고 어떤 것을 고쳐야 하는지 말해 달라고 했지요. 점심시간에 연극 선생님이 제게 "보미에게 왜 주인공을 하라고 했어요?" 하고 물었습니다. 지난번에도 한 번 했고 이번에도 하고 싶다고 손을 들었다고 말해 주었습니다. 연극 선생님 께서는 보미가 감정 기복이 심해서 주인공은 어렵다고 했습니다. 성실한 아이가 주인공을 맡아야지 열심히 연습을 할 수 있다고도 했습니다. 보미는 연극 공연하는 날 안 한다고 할지도 모른다면서 걱정을 했습니다.

그럴 수도 있겠다 싶었습니다. 보미가 그러면 어떻게 하나 저도 걱정이 되었습니다. 다른 아이로 바꿔야 하나 생각을 하다가 그깟 학예회가 뭔데 싫어졌습니다. 보미가 안 한다고 하면 다른 아이가 해도 되고, 안 되면 나라도 무대에 올라가서 하면 되지, 생각도 들었습니다. 그렇다고 누가 뭐라고 하는 것도 아닌데 말입니다.

지난번에 읽은 이오덕 선생님의 책 중에서 아이들 소박한 작품을 고치지 말고 있는 그대로 봐 줘야 한다는 말이 생각났습니다. 아이들이 진지하고 재미있게 한 것이라면 존중해야 한다는 뜻이었습니다. 그 속에 아이들 삶이 들어 있기 때문입니다.

저는 아이들의 삶은 봐 주지 않고, 거기 학예회에 보러 올 어른들에게만 마음을 쏟았습니다. 그런데도 내가 아이들 편에 서서 가르치는 사람인가 싶었습니다. 그렇게 생각하다 보니 저도 학예회가 싫어졌습니다. 아이들 잔치라고 했는데 어른들 잔치인 것만 같습니다. 다 저 때문입니다. 놀이판은 놀이하는 사람이나 보는 사람이나 모두 흥이 나야 살아나는 법입니다. 그래야 마음껏 놀 수가 있으니까 말입니다.

지난주 화요일에도 연구소 모임을 가졌습니다. 권정생 선생님의

《빌뱅이 언덕》을 읽고 이야기를 나눴습니다. 권정생 선생님 글은 읽기가 어렵다는 이야기를 하다가, 자꾸만 내 이야기인 것 같아서 되돌아보게 된다는 이야기도 하고, 왜 우리는 내 옆에 있는 사람들의 삶에 마음을 두지 않았는지 모르겠다고도 했습니다. 한참 이야기를 나누다 보니 자연스레 뒤풀이로 이어졌습니다. 한 선생님이 권정생 선생님처럼 자기 이야기를 했습니다.

어릴 때 삼촌이 프로스펙스 운동화를 사 준다고 해서 자지도 않고 기다렸답니다. 나중에 삼촌이 운동화를 줬는데, 국제상사 신발은 맞는데 프로스펙스 표시가 없더라네요. 그걸 받고 눈물을 참을 수 없었다고 했습니다. 엄마는 옆에서 왜 우냐고 자꾸 물어보는데 대답을 할 수가 없더랍니다. 그 이야기를 듣는데 울컥 눈물이 났습니다.

다른 선생님이 비 이야기를 했습니다. 비가 오는 날, 아무도 우산을 들고 와 주지 않았는데 선생님께서 동전을 주셔서 그 돈으로 따뜻한 국수를 사 먹었다고 했습니다. 지금도 그 선생님을 잊을 수 없다고 했습니다. 그렇게 그날은 자기 이야기를 하면서 밤늦게까지 뒤풀이를 했습니다. 10년, 20년, 오래 함께했는데 우리는 우리가 아팠던 이야기, 어릴 적 이야기를 제대로 나누지 않았던 것 같습니다. 이제부터는 그러지 말자고 다짐을 했습니다.

옆에 사람이 있어서 참 다행이라고 생각합니다. 그 사람이 내 이야기를 들어 주니까 말입니다. 답답하거나 억울한 일, 쓸쓸한 일이 있으면 함께 나누면서 살아가야 하겠습니다.

2015년 11월 23일

서로 겨루면 안 되겠습니다

"서로 힘을 모아 일하고 같이 어울려 놀고
삶을 나누면서 아픔을 보듬어 안아야 합니다.
그래야 사람다움을 잃지 않고
살아갈 수 있습니다."

하루 종일 비가 왔습니다. 내일부터는 추워진다고 하니까 올해 마지막 비가 될지도 모르겠습니다. 이제는 비 대신 눈이 내리겠지요. 하루 종일 펑펑 내리는 날도 있을 겁니다.

제가 살고 있는 물골안은 산골이라 눈이 많이 오면 다니기가 어렵습니다. 낮에는 시청 차가 비탈길 눈을 치우지만, 밤이 되면 그저 집 안에 있을 수밖에 없습니다. 아침에 학교에 가야 하는 저 같은 사람은 새벽에 소복이 내리는 눈이 반갑지가 않습니다.

큰길은 제설차가 치우고 동네 길 눈은 트랙터로 치웁니다. 동네마다 트랙터 가진 분이 한 분씩은 되는데, 그분들이 치워 주십니다. 제가 세 들어 사는 주인집 아저씨도 트랙터가 있어서 겨울이 되면 바쁩니다. 아침부터 밤늦게까지 눈이 내리는 날은 끼니도 굶고 눈을 치우곤 합니다.

지난겨울 언젠가 깜깜한 새벽에 깬 적이 있습니다. 비탈길을 내려가는 트랙터 소리를 듣고 바깥에 나가 보니, 온누리가 하얀 눈밭이었습니다. 끊이지 않고 내리는 바람에 아저씨는 날이 밝은 뒤에야 집에 들어왔습니다. 눈이 내릴 때는 오히려 따뜻하지만 그치고 나면 칼바람이 불고 추워집니다. 추운 겨울이었지만 사람과 사람, 집과 집이 이어질 수 있어서 마음을 놓았습니다. 아저씨가 트랙터로 눈을 치워 준 덕분입니다. 고마운 일입니다.

세상은 힘세고 똑똑하고 잘난 사람들, 큰소리치는 사람들 때문에 돌아가는 것이 아니었습니다. 소리 없이 눈을 치워 주는 이들이 있어서 사람과 사람이 이어져 살아갈 수 있었던 것이지요. 물골안에 살면서 깨달은 것입니다.

얼마 전 전교조 사무실에 나갔습니다. 선거를 치러야 하는데 간부들이 저마다 지회장이나 대의원 후보로 나가야 해서 아무것도 하지 않는 저더러 선거관리위원장을 맡아 달라고 했습니다. 어떻게 하는 줄 모른다고 하니까 이름만 올려놓으면 된다고 해서 그러마 했습니다. 어쩌어찌 시간이 지나서 후보 등록을 하는데, 대의원 경선을 하게 되었습니다. 대의원 후보들이 저에게 문자나 전화를 걸어서 어떻게 하면 되냐고 하는데, 저도 몰라서 허둥거렸습니다. 사무실에 전화해서 선거 규정도 살펴보고, 집행부와 의논도 하면서 조심스럽게 준비를 했습니다. 경선을 하면 이기고 지는 사람이 나올 텐데 공정하지 않왔다고 하면 큰일이니까요.

한 이틀 경선 문제로 골치를 썩다가 문득 선거를 한다는 게 뭔가 생각을 하게 되었습니다. 선거는 민주주의의 꽃이라고 합니다. 우리는 민주주의 국가니까 대통령도 선거를 해서 뽑고, 국회의원도 선거를 해서 뽑습니다. 노조위원장도 선거를 해서 뽑고, 학교 회장도 선거를 해서 뽑습니다. 선거에 이기기 위해서 당이라는 것을 만들고, 끼리끼리 모입니다. 노조는 당을 만들지는 않지만 NL파다 PD파다, 진보파다 온건파다 하며 우루루 몰려다닙니다. 몰려다니면서 상대편을 욕하고 손가락질합니다. 조금씩 다르겠지만, 선거가 있는 곳에서는 상대편을 제대로 봐 주지 않습니다.

여당은 야당을 빨갱이니 좌파니 하며 욕을 하고, 야당은 여당더러 독재라고 합니다. 뻔한 거짓말도 얼굴색 하나 바꾸지 않고 합니다. 상대편을 이겨야 하니까 그렇습니다. 선거를 해서 상대편을 이기면 모든 것을 갖기 때문입니다. '독재자의 딸'이라고 욕하는 정당을 간첩이라며 없애 버릴 수도 있고, 돈 떼어먹은 걸 들추는 방송국 사장을 바꿀 수도 있습니다. 교과서도 국정으로 바꿀 수 있습니다. 반대하는 사람들이 있지만 선거에 이겼으니 정당한 일이 되어 버립니다. 노동조합도 그들이 손가락질하는 정치권을 닮아 가는 것 같습니다. 선거를 하면서 저절로 그렇게 되는 것 같습니다.

선거가 정말 민주주의의 꽃인지 궁금해졌습니다. 이긴 자들이 모든 것을 마음대로 하는 것이 진짜 백성을 위한 것인지 알 수가 없었습니다. 이겨서 모든 것을 갖는 것도 문제지만, 꼭 겨루어서 정해야만 하나 싶습니다.

정치만 그런 게 아니고 학교에서도 아이들을 겨루게 합니다. 시험을 쳐서 너는 몇 점, 너는 몇 점 정해 줍니다. 너는 공부 잘하는 아이, 너는 공부 못하는 아이라고 못을 박는 것 같습니다. 과학 대회, 글짓기 대회, 그리기 대회 같은 것을 만들어서 몇몇 아이만 뽑아 상을 줍니다. 상을 주는 건 좋지만, 상을 받지 못한 아이는 상에게서 따돌림을 당합니다.

아이가 상을 받게 하려고, 경쟁에서 뒤처지지 않게 하려고, 우수한 성적으로 초등학교와 중·고등학교를 졸업하고 대학에 가서 학점을 잘 따 사회에 나가서도 경쟁에서 이기게 하려고 부모는 뼈가 부서지도록 애를 씁니다. 경쟁에서 이기는 아이가 모든 것을 갖는다고 생각하는 것입니다. 경쟁에서 뒤처지면 어떻게 되는지 피눈물을 흘리며 겪었기 때문입니다.

선거에서 이겨 모든 것을 갖고, 경쟁에서 이겨 잘 사는 세상은 사람이 사람답게 살아갈 수가 없습니다. 서로 힘을 모아 일하고 같이 어울려 놀고 삶을 나누면서 아픔을 보듬어 안아야 합니다. 그래야 사람다움을 잃지 않고 살아갈 수 있습니다. 경쟁이 아니면 안 되고 경쟁에서 이겨야 잘 산다고 말하는 사람이 더 많지만, 그렇지 않다고 말해 주며 옆에 있는 사람들 손을 붙잡아야 합니다. 그렇게 붙잡은 손 어딘가에 우리가 살아날 희망이 있을 것만 같습니다.

지난 금요일에 우리 학교에서는 물골안 잔치가 있었습니다. 끝날 무렵 우리 반 아이들이 〈지각 대장 존〉 연극을 했습니다. 보미가 존

역할을 맡았습니다. 처음에는 연습 때처럼 큰 소리로 연기했지만, 연극이 길어지면서 자꾸 한눈을 팔았습니다. 저는 그만 마음이 급해져 무대 앞에 가서 잔소리를 했지요. 그러거나 말거나 보미는 무대 바닥에 있는 조그만 조각을 주워서는 한참을 가지고 놀았습니다. 보미는 교실에서도 가끔 바닥에 떨어진 물건을 주워서 한참 들여다보곤 합니다. 보미에게는 재밌는 놀잇감이지요. 교실에서라면 모를까 전교생과 학부모들이 지켜보고 있는 연극 공연에서 보미가 그럴 줄은 몰랐습니다. 선생님 역을 맡은 아이가 마이크로 이름을 부르는 바람에 보미가 대사를 했고, 연극을 끝낼 수 있었습니다.

그날 보미 어머니도 오셨습니다. 보미 어머니도, 저도 보미가 더 잘하면 좋겠다고 바랐지만 그러지 않아도 좋을 것 같았습니다. 거기 물골안 잔치에 놀러 온 부모님들도 보미가 무대에서 딴짓하는 것을 귀엽게 봐 주었습니다.

만일 그 연극이 아이의 미래를 정하는 대회였다면 어땠을까 생각해 봅니다. 사람들이 귀엽게 봐 줄 수 있을까 싶습니다. 담임도 보미 어머니도 귀엽게 봐 주지만은 않았을 것 같습니다.

시험이나 경쟁, 선거는 모두 같은 점이 있습니다. 사람을 나눈다는 것입니다. 이긴 사람과 진 사람으로 나누는 것이지요. 그렇게 나누는 세상은 희망이 없습니다. 우리 교실에서만이라도 그러지 않으면 좋겠습니다.

2015년 12월 2일

사는 곳마다 살아가는 이야기가 다릅니다

"아이들이 제 발로 길을 걸으며 제 마을의 이야기
하나씩 품고 자라나면 좋겠습니다.
그러면 저절로 백성이 주인인
세상이 될 것 같습니다."

벌써 12월입니다. 이제는 추워서 두꺼운 옷을 입고 다닙니다. 벌써
부터 목이 긴 털 장화를 신거나 목도리를 한 아이들도 있습니다. 그래
도 오늘은 햇볕이 좋아서 아이들과 함께 나들이를 나갔습니다.

교문을 나가서 은행나무 오솔길을 지나면 사람 한 명 다닐 만한 좁
은 골목이 나옵니다. 골목을 따라 들어가면 동네 놀이터가 나오고, 거
기서 조금 더 가면 물골안 작은 도서관이 있습니다.

아이들에게 매주 한 권씩 책을 읽어 주는데, 학교에 찾는 책이 없으
면 그곳까지 아이들을 데리고 갑니다. 새잎이 돋아나는 봄에도 그 길
을 지나갔고, 쨍쨍한 여름에도 시원한 그늘 밑에서 잠시 쉬었다가 지
나갔습니다. 가을에는 은행잎이 떨어져서 온통 샛노랬지요. 겨울이

되면 가지 사이로 따뜻한 햇볕이 내리쬐어서 좋습니다.

오늘도 우리는 그 길을 지나서 작은 도서관에 갔습니다. 어떤 날은 책을 읽거나 공부를 하는 사람이 있는데, 오늘은 도서관을 지키는 사서 선생님 말고는 없습니다. 도서관 정수기에 줄을 서서 물을 마시고, 오줌이 마려운 아이들은 화장실에 다녀옵니다. 다 끝나면 마루에 앉아서 책을 읽어 줍니다. 《눈 다래끼 팔아요》라는 책입니다. 첫 장면부터 순옥이를 놀리는 만수 때문에 아이들은 귀를 쫑긋 세우고 듣습니다. 한 장 읽어 주고 책을 들어서 그림을 보여 줍니다. 할머니가 단감을 깎는 장면은 볼 것이 많아서 좋고, 속눈썹을 뽑는 장면은 순옥이 얼굴이 크게 나와서 좋았습니다. 아이들은 만수가 돌멩이를 걷어차니까 그제야 한숨을 내쉬며 마음을 놓습니다. 오늘은 빨리 읽는 바람에 점심때까지 시간이 남았습니다.

도서관 시계를 볼 줄 아는 사람만 놀이터 나갈 거라고 하니까 우루루 몰려와서 시간을 말하고 뛰어나갑니다. 시계를 볼 줄 모르는 주연이도 다른 아이들이 말하는 걸 듣고 얼른 따라 말합니다. 저러다 보면 시계를 볼 줄 아는 날이 있겠지 싶습니다.

놀이터에서 이것저것 놀이 기구를 타다가 효재가 잡기 놀이를 하자고 했습니다. 한창 하는데 현빈이가 놀이 기구에 걸려서 넘어집니다. 안 되겠다 싶어서 선생님하고 숨바꼭질하면서 놀자고 했습니다. 숨을 데가 없어서 싫다고 했지만, 막무가내로 수를 세었습니다. 열까지 세고 눈을 떴더니 아이들이 몽땅 사라졌습니다. 둘러보니 정자 마루 밑에 들어가 있었습니다. 옷에 먼지가 묻을 것 같아서 나오라고 했습니다. 한 명 한 명 먼지를 털어 주고 학교로 돌아가자고 했습니다.

돌아올 때는 교회 길로 오자고 해서 그 길로 왔습니다. 교회 담장 밑을 지나다 보면 은행나무가 있는데, 거기 씨이파리를 떼어서 놓으면 빙글빙글 돌면서 떨어집니다. 오늘도 하나씩 떼어서 돌리다가 교회 옆문으로 들어갔습니다. 교회 길을 지날 때는 잔디밭과 길 사이에 쌓아 놓은 돌을 밟으며 걷습니다. 양팔을 벌리고 한 명씩 줄을 서서 걷습니다. 돌에서 떨어지면 다시 시작합니다. 교회 정문을 나와서는 노란 금을 따라 걷고, 학교 들어와서는 검은 벽돌만 디디면서 걷습니다. 그러면 교실로 들어올 수가 있습니다.

월요일에는 후다닥 기차를 만들어서 동네를 돌아다녔습니다. 종이 상자에 하얀 종이를 붙여서 꾸미고 빨간 줄로 이었습니다.《우리말 우리글》1학년 책에 나오는 것입니다. 우리 반 아이가 열여덟 명이라서 열여덟 칸짜리 기차가 되었습니다. 내가 "칙칙" 하면 아이들은 "폭폭" 하면서 걷습니다.

학교 앞 신호등을 건너서 다리를 넘어 당두평으로 갔습니다. 지나가는 동네 사람들이 우리 반 아이들에게 말을 겁니다. 기차를 탄 아이들이 으쓱해서는 아무나 보고 인사를 합니다.

현서네 집을 지나는데 마침 아버지가 계셨습니다. 밀감 열아홉 개와 캐러멜 열아홉 개를 주셨습니다. 조금만 더 옆으로 돌아가면 효재네 집입니다. 효재 어머니께서 이층 창문으로 손을 흔들어 줍니다. 돌 지난, 효재 동생도 옆에서 손을 흔듭니다. 주현이네 집을 지나고 정원이네 집을 지나고 현빈이네 집을 지나서 다시 길을 건넙니다.

만춰대로 넘어옵니다. 만춰대 골목골목을 돌아다닙니다. 흙이 깔려 있는 길에서 밀감을 나눠 주었습니다. 기차 안에서 먹는 밀감이 맛있습니다. 거기서는 승범이네와 예찬이네 집을 지납니다. 우목골로 올라가면 민준이네 집인데 멀어서 그냥 학교로 돌아옵니다. 돌아오는 길에 예비군 중대장 아저씨를 만났는데, 한번 놀러 오라고 합니다. 총은 없어서 못 보여 주지만 철모랑 수통 같은 건 있다고 합니다. 다음에 놀러 간다고 했습니다.

여기 물골안은 놀러 갈 곳이 많습니다. 농협으로 뭐 사 먹으러 가기로 했고, 파출소에서도 수갑을 보여 준다고 놀러 오라고 합니다. 소방서도 한번 가 봐야 하는데 아직 가지 못했습니다.

봄부터 가을까지는 우리 반 아이들 집으로 나들이를 나갔습니다. 가까운 곳은 쉽게 갈 수 있지만 먼 곳은 한번 다녀오려면 몇 시간이 걸립니다. 정근이네 집까지 해서 열일곱 아이들의 집은 모두 갔습니다. 이제 교빈이네 집만 남았습니다. 정근이네 집에서 탕귀 쪽으로 더 들어가야 합니다. 2학년 올라가기 전에 다녀올 수 있을지 모르겠습니다.

여기까지가 우리 동네 이야기입니다. 눈치 채셨겠지만 우리 동네는 골목골목 길이 많고, 우리는 봄 여름 가을 겨울 내내 그 길을 돌아다녔습니다. 우리 반 아이들이 지나가면 사람들이 말을 겁니다. 어디 가냐고 묻기도 하고, 오줌 마렵다고 하면 화장실도 내어 줍니다. 정근이네 집에 갈 때 아이들이 목말라서 더는 못 가겠다고 하자 물골안 회관에서 물을 하나씩 주기도 했습니다.

동네를 돌아다니면 이야기가 하나씩 생겨납니다. 사람들을 만나기 때문입니다. 아이들은 제 발로 걸으며 사람들을 만나고 세상을 배웁니다. 날씨도 배우고 계절도 배우고 노래도 부르면서 길을 걷습니다. 지금은 1학년이라 가장 좁은 이곳 물골안 동네를 배우지만, 크면서 더 먼 곳까지 가 볼 수 있을 것입니다. 아이들은 거기서도 이야기를 만들며 살아갈 것입니다.

지난번에 누군가 저에게 공간을 이야기했습니다. 공간은 우리말로 '곳'입니다. 온 나라를 두고 보면 사는 곳에 따라 말씨도 다르고 옷도 다르고 음식도 다릅니다. 물골안 안에서도 사는 마을에 따라 삶이 다릅니다. 탕귀나 석수대나 만취대 같은 곳은 집이 많아서 음식점도 많고, 무엇보다 아이들이 좋아하는 문방구가 있습니다. 내가 사는 헌터골이나 불당골 같은 곳은 집이 드문드문 있어서 외롭지만 산에서 내려오는 물이 좋습니다.

사람들 사는 곳마다 살아가는 이야기가 다릅니다. 공간을 이야기했던 분이 곳곳의 작은 이야기들이 하나하나 살아나면 좋겠다고 하더군요. 민주주의라는 것이 백성의 이야기가 살아나는 것이 아니겠냐고 하면서 말입니다. 저도 그러면 좋겠습니다. 아이들이 제 발로 길을 걸으며 제 마을의 이야기 하나씩 품고 자라나면 좋겠습니다. 그러면 저절로 백성이 주인인 세상이 될 것 같습니다. 먼저 나부터 아이들 이야기에 귀 기울여야 하겠습니다.

2015년 12월 9일

덧붙이는 말

말로만 아이들 이야기에 귀 기울이겠다고 한 것 같습니다. 어제도 아이를 살피지 않아서 기범이가 울었습니다. 다음엔 그 이야기를 쓰도록 하겠습니다.

며칠 전에 온 답장이 마음에 닿았습니다. 긴 편지였습니다. 아이들 가르치는 일에 열정을 다하는 선생님이었습니다. 그 이야기를 읽다가 나는 언제 저렇게 빛난 적이 있었나 되돌아보게 되었습니다. 그때 보내 주신 편지처럼 저도 누군가로 하여금 삶을 돌아보게 하면 좋겠다고 생각하면서 편지를 씁니다. 그러면 참말 좋겠습니다.

애 많이 쓰셨습니다

"좋은 것만 알아주는 것이 아니라
안 좋은 것도 알아채야 합니다.
아이들을 보면서 같이 살아가려면
서로 알아봐 줘야 하는구나 깨닫습니다."

오늘 민준이가 앵그리버드 모자를 쓰고 왔습니다. 빨간색 모자입니다. 제가 교실에 들어가자마자 의자에도 못 앉게 하고 자랑을 합니다. 이름이 레드인데, 날아가서 폭탄처럼 터진다고 하더군요. 하도 자랑을 하기에 나도 갖고 싶다고, 나 주면 안 되냐고 물었습니다. 민준이는 잠깐 생각하더니, 그럼 한번 만져 보라고 합니다. 선생님은 얼굴이 커서 찢어진다고 못 쓰게 합니다. 만져 보는데 내가 뺏어 갈까 봐 손을 놓지 못합니다.

민준이는 오늘 하루 종일 기분이 좋았습니다. 앵그리버드 모자 때문입니다. 공부 시간에도 모자를 쓰고 있었습니다. 점심시간에는 말리는데도 듣지 않고 모자를 쓰고 급식실에 갔습니다. 자랑하려는 게

247

아니라 진짜 추워서 그렇다고 했습니다. 뻔한 거짓말입니다.

혹시 조리사님들이나 영양사님이 못 알아볼까 봐 미리 말해 주었습니다. "민준이 오늘 앵그리버드 모자 쓰고 왔어요." 하니까 밥과 반찬을 퍼 주면서 민준이 모자 멋지다고 한마디씩 해 줍니다. 민준이가 좋아하는 6학년 선생님이 지나가자 밥을 먹다 말고 얼른 달려가서 아는 체를 합니다. 선생님도 민준이 모자 멋지다고 한마디 해 줍니다. 민준이 입이 귀에 걸립니다. 새 모자 쓴 걸 알아봐주니까 그게 그렇게 좋은가 봅니다.

대한이도 아침에 나를 보자마자 어제 치킨 먹었다고 자랑을 합니다. 굽네치킨이 아니라 어제 새로 문을 연 장스치킨에서 시켜 먹었다고 했습니다. 혹시 남겨 왔냐고 하니까 맛있어서 다 먹었다고 우쭐거립니다.

대한이네는 치킨을 자주 시켜 먹습니다. 굽네치킨에서 간장 맛을 자주 먹는데, 먹고 난 다음 날 아침마다 이야기를 해 줍니다. 그럼 내가 입맛을 다시면서 나도 진짜 치킨 좋아한다고 말해 주면, 간장처럼 짜지도 맵지도 않은데 진짜 맛있다고 설명을 해 줍니다. 하도 자랑을 하길래 지난 주말에는 저도 그걸 시켜 먹어 봤습니다. 먹으면서 이제 나도 대한이한테 자랑해야겠다 생각을 했지요.

아이들은 자기를 알아봐 주면 좋아합니다. 새 옷 입은 것도 알아봐 주면 좋아하고, 머리 깎은 것도 알아봐 주면 좋아합니다. 일기장에 뭐 먹은 이야기가 있으면 맛있었는지 꼭 물어봐 줘야 합니다. 나도 갖고 싶다고 하거나 막 만져 보려고 하면 더 좋아합니다. 파마머리를 하고 와도 어디서 했는데 이렇게 잘되었는지, 값은 얼마인지 물어봐 주면 막 기분이 좋아지는 것 같습니다.

좋은 것만 알아주는 것이 아니라 안 좋은 것도 알아채야 합니다. 손가락 끝에 좁쌀만 한 피가 나도 아프지 않느냐고, 어떻게 이렇게 잘 참느냐고 해 주어야 괜찮다면서 자기 자리로 돌아갑니다. 아이들을 보면서 같이 살아가려면 서로 알아봐 줘야 하는구나 깨닫습니다.

어제는 학교 교육 과정 평가회가 있었습니다. 전체 행사 이야기도 하고, 서로 삶을 나누려면 어떻게 해야 하는지도 이야기하고, 온작품 읽기를 어떻게 할 것인지 생각을 나누었습니다. 가정 방문과 상담을 몇 번씩 할 것인지도 이야기하고, 도서실 책 정리를 다 같이 해 보자고도 말했습니다. 영양사 선생님은 비 오는 날마다 라면 먹어서 아이들이 밥을 잘 안 먹는다고 걱정을 합니다. 우리 반 이야기라서 어찌 대답을 해야 하나 생각하다 얼굴이 빨개졌습니다.

해야 할 이야기를 다 해서 이제 마칠 시간이 되었습니다. 빠진 것 없냐고 하길래 돌아가면서 일 년 살았던 이야기를 해 보자고 말했습니다. 저부터 했습니다. 올해 분교에서 이곳으로 왔는데 사는 곳이 다르고 방법이 달라서 화를 낼 때가 많았다는 말을 했습니다. 뭘 몰라서 그렇다고, 본 마음은 그렇지 않은데 표현이 거칠어서 그런 것이니 마음에 담아 두지 마시라고 했지요. 교장, 교감 선생님이나 실장님이 가끔 힘들 때가 있었을 것 같아서 다 모인 자리에서 이야기한 것입니다. 15년 넘게 선생을 하는데도 잘 고치지 못하니 제가 봐도 참 한심합니다.

보건 선생님은 아이들에게 더 친절하게 대하지 못해서 미안하다는 말을 했고, 4학년 선생님은 내년에는 회의에서 말을 좀 많이 하겠다고 다짐도 했습니다. 유치원 선생님 차례가 되었습니다. 올해는 버티는 것이 참 힘들었다면서 눈물을 흘리셨습니다. 네 살부터 일곱 살까지 두루 다니는데다, 올해는 지체 장애를 앓고 있는 아이가 들어왔습니다. 아이는 귀여운데 그 아이와 함께 수업을 하는 것이 너무 힘들었다고 했습니다. 다들 위로의 말을 했습니다. 저는 뭐라 말을 하지는 않았지만 그 선생님의 힘들었던 일 년을 알 수 있었습니다. 다음에 보면 무슨 말이든 해야 할 것 같습니다.

12월도 절반이 넘었습니다. 남은 날들이 다 가고 나면 올해가 저뭅니다. 올해가 가기 전에 선생님들께 괜찮았냐고, 힘들지 않았냐고 알아봐 주는 말을 걸고 싶습니다. 말썽쟁이 아무개를 잘 올려 보냈으니 훌륭하다는 말씀도 드리고 말입니다. 새로 전근을 와서 힘들었던 이야기, 학년 초에 설레면서 아이들과 만났던 이야기, 교육에 희망을 걸고 걸어간 이야기, 그러다가 아슬아슬 흔들린 이야기까지⋯. 그런 이야기들의 주인공인 선생님들께 지난 일 년 동안 잘 살았다고 말해 주고 싶습니다. 그냥 말뿐이지만 그렇게 말이라도 해 드리면 위로가 되지 않을까 싶습니다.

선생님, 우리 그렇게 서로 알아봐 주면 좋겠습니다. 그래야 내년에도 뜻을 잃지 않고 함께 살아갈 수 있을 것 같습니다. 지난 일 년 동안 애 많이 쓰셨습니다.

2015년 12월 17일

새콤달콤한 맛입니다

"동심은 세련된 것이 아니고 차라리 서툴고
어설프고, 혹은 야성적이기도 합니다.
뻔뻔스러운 것, 오만한 것이 아니고
겸허하고 수줍어하는 모습으로 나타납니다."

수요일에는 학교가 일찍 마칩니다. 점심을 먹고 교실에 오면 벌써 아이들이 돌아가고 없습니다. 가끔은 아이들 몇 명이 남아서 괴롭힐 때도 있습니다. 오늘은 윤서와 연우가 남았습니다. 제 책상으로 오더니 초콜릿을 달라고 조릅니다. 안 된다고 하는데도 안 주면 자꾸 괴롭힐 거라면서 휴대전화도 빼앗고, 내 안경도 막 벗깁니다. 귀찮아서 그냥 줘 버릴까 싶다가도 버릇이 될까 봐 참습니다.

"오늘 아침에 학교 올 때 내 초콜릿 줬잖아요."

윤서가 한마디 합니다. 오늘 아침 교문 앞에서 윤서가 초콜릿 건네준 것이 생각났습니다.

"그래, 그럼 윤서만 한 개 받아 가라."

그랬더니 연우가 말합니다.

"내일 현장학습 가서 젤리 줄게요."

나는 약속 잊지 말라면서 둘 다에게 초콜릿을 주었습니다. 아이들은 좋다고 달려 나갑니다. 귀엽습니다.

어제는 연구소 모임이 있었습니다. 이오덕 선생님 책을 다시 읽기로 했지요. 《삶을 가꾸는 글쓰기 교육》입니다. 거기에 이런 말이 있었습니다.

동심은 세련된 것이 아니고 차라리 서툴고 어설프고, 혹은 야성적이기도 합니다. 뻔뻔스러운 것, 오만한 것이 아니고 겸허하고 수줍어하는 모습으로 나타납니다. 도시적인 것이기보다 시골스런 것입니다. 문명적이기보다 원시적이라 할 것입니다.

우리 반에도 그런 아이가 있습니다. 어설프고 수줍은 아이입니다. 월요일 아침 시간에 차를 마시면서 사는 이야기를 나누는데, 그 아이는 1학기부터 여태까지 이야기를 한 번도 하지 않았습니다. 동무들과 있으면 안 그러는데 공부 시간에 발표하는 것도 싫어하고 자기 이야기를 하지 않습니다. 쉬는 시간에는 이야기를 걸기도 하는데 공부 시간엔 물어보면 고개만 까딱거립니다. 현석이라고 부르겠습니다.

현석이는 운동장에 나가서 노는 것을 좋아합니다. 장난기도 많고 활달합니다. 화가 나면 말로 하지 않고 주먹이 먼저 나갈 때가 있습니다. 야성적입니다. 어쩌다 혼을 내면 소리 없이 눈물을 흘립니다. 그러면 마음이 아파서 그만둡니다.

지난주에 새로 고친 화장실 변기 뚜껑이 부서졌으니 앞으로 그러지 않게 잘 말해 달라고 행정실에서 연락이 왔습니다. 칠판에 '변기 뚜껑'이라고 적어 두었더니, 아이들이 그게 뭐냐고 물어봅니다. 누가 변기 뚜껑에 올라가서 부서졌는데 범인을 찾고 있다고 했습니다.

"우리 반 아이들은 아닐 거야. 그렇게 무거운 아이는 없으니까…."

하면서 말을 이어 가는데 경수가 손을 듭니다.

"선생님, 현석이가 변기 뚜껑에 올라갔어요."

교실 분위기가 확 바뀝니다. 다른 아이들도 봤다면서 이야기를 합니다. 현석이 표정이 달라집니다. 말은 못 하고 막 억울하다는 얼굴입니다.

"현석아, 진짜야? 네가 부쉈어?"

하니까 아니라고 고개를 흔듭니다.

"현석이는 올라가기만 했지 부수지는 않았는데요."

경수가 편을 들어줍니다. 현석이 때문이 아닐지도 모릅니다. 그래도 다시 못 하게 해야겠다는 생각을 합니다.

"현석아, 어떡해. 교장 선생님이 물어봐서 우리 반에는 없다고 했단 말이야. 교장 선생님이 알면 나 혼나는데 어떡하지. 아… 나는 망했다."

말이 끝나기도 전에 교실이 시끄러워집니다. 저마다 해답을 내놓기 시작했지요.

"애들아, 교장 선생님이 아직 모르니까 우리끼리 비밀로 하자."

하니까 아이들이 안 된다면서 거짓말은 나쁘다고 합니다. 현석이 얼굴빛이 더 어두워집니다.

"아, 그럼 어떡해. 나 혼나기 싫단 말이야. 교장 선생님이 얼마나 무서운데…."

우리 반에는 수제자로 불리는 애들이 있습니다. 장래 희망이 선생님이라고 해서 특별히 수제자로 삼았습니다. 가끔 어떻게 해야 할지 모를 때 그 아이들에게 물어보고 결정을 합니다. 화가 났을 때도 그 아이들 이야기를 듣다 보면 화가 누그러지는 경우도 있지요. 이번에도 그랬습니다.

수제자가 말합니다.

"아무래도 잘못은 잘못이니까 솔직하게 말해야 해요."

다른 수제자도 말합니다.

"선생님이 어른이니까 교장 선생님한테 가서 말해야죠."

칼로 자르듯이 말합니다. 저는 내가 왜 현석이 때문에 야단맞아야 하는지 억울하다고, 너희도 나중에 선생님 되면 내 마음 알 거라면서 현석이를 보았습니다.

"현석아, 나랑 같이 가자."

현석이 얼굴빛이 노래졌습니다.

"현석아, 나랑 같이 교장실 가자. 내가 '똑똑' 하고 나서 문 열어 줄 테니까, 네가 들어가서 혼나고 와라. 내가 문 앞에서 기다려 줄게."

현석이가 내 말을 듣고 웁니다. 우니까 불쌍합니다.

"현석이가 우니까 할 수 없네. 나 혼자 갔다 올게. 내가 혼나면 되지 뭐."

현석이는 그제야 눈물을 그칩니다. 휴지를 풀어서 눈물을 닦아 주었습니다. 쉬는 시간에 커피 마시러 교무실에 다녀왔습니다. 아이들이 막 물어봅니다.

"선생님 혼나고 왔어요?"

"울었어요?"

불쌍하다는 표정입니다. 저는 얼굴을 비비면서 눈물 닦는 시늉을 합니다.

"아~ 진짜 무서웠어."

현석이가 옆에 있길래 쳐다봅니다. 내 눈을 마주 보지 못합니다. 미안한가 봅니다.

"현석아, 이제부터 올라가지 마."

하니까 고개를 끄덕입니다.

현석이는 이제 변기 뚜껑 위에 올라가지 않습니다. 다른 아이들도 그렇습니다. 선생님이 혼날까 봐 걱정하는 것 같습니다. 아이들이 뻔뻔하지 않다는 이오덕 선생님 말씀이 맞습니다. 뭘 받으면 돌려줄 줄 압니다.

다음 날 현장학습을 갔는데, 연우가 오더니 내 주머니에다가 봉지 하나를 넣어 줍니다. 다른 아이들 볼까 봐 몰래 줍니다. 꺼내 보니까 어제 준다고 했던 젤리입니다. 여러 빛깔의 곰돌이가 들어 있습니다. 현장학습 내내 그 곰돌이를 꺼내서 하나씩 씹어 먹습니다. 맛있습니다. 이 맛에 선생 한다는 생각이 들었습니다. 쫄깃쫄깃 새콤달콤한 맛입니다.

2016년 11월 8일

덧붙이는 말

지난주에 편지를 써 놓고 보내지 못했습니다. 바빴던 것 같습니다. 거의 매일 늦게 들어왔지요. 전교조 지회에서 하는 선생님 한마당을 진행했습니다. 잠깐씩 시간이 날 때마다 편지를 부쳐야지 생각했지만, 그러지 못했습니다. 한 주를 건너뛰고 편지를 드립니다.

얼마 전에는 국어모임 회의가 있었습니다. 내년을 어떻게 준비할지 이야기를 나눴습니다. 모임의 회장은 2년 동안 하게 되어 있습니다. 저도 올 12월이면 그만두게 됩니다. 두 달도 채 남지 않았습니다. 그 생각을 하니까 쓸쓸해졌습니다.

준비 모임까지 하면 국어모임 일을 한 지가 15년쯤 됩니다. 제 삶에서 가장 빛나던 때였다고 생각합니다. 많은 선생님의 관심을 받았지요. 따뜻하게 격려해 주실 때도 많았고, 힘내라고 말해 주셨습니다. 그 말 때문에 여태 걸어올 수가 있었습니다. 인사를 드리고 싶어졌습니다. 고맙습니다.

나쁜 것이 닮았습니다

"저는 그저 누군가 시키는 대로
하기 싫은 것뿐이었습니다. 함께하면
서로 힘이 되고, 서로 따돌리지 않는 곳에
머물고 싶었던 것 같습니다."

　어제까지만 해도 따뜻했는데 오늘은 막 찬바람이 붑니다. 추워지려
나 봅니다. 11월도 보름을 넘겼으니 이제 그럴 때도 되었습니다.

　아침에는 앞마당 얕게 고인 물에 살얼음이 낀 것을 보았습니다. 물
위로 얇은 얼음판이 떠다녔지요. 올 들어 처음 보는 얼음이었습니다.
얼음은 점점 두꺼워지겠지요. 땅땅 두드려도 깨어지지 않는 얼음이
얼면 올해가 저물 것입니다.

　해마다 이맘때면 한 해를 마무리하는 일, 내년을 준비하는 일로 바
쁩니다. 학교에서는 마무리 잔치도 하고, 교육 과정 평가회도 하고, 통
지표도 써야 합니다. 선생님들은 다른 학교로 떠날 사람, 떠날까 말까
고민하는 사람들이 서로 이야기를 나눕니다. 모임에서도 새로 회장을

뽑거나 대표를 뽑는 일로 회의를 합니다.

저도 어제 전교조 지회 회의를 다녀왔습니다. 2년 전 후배 선생님이 지회장이 되면서 뭐라도 도와야지 생각하고 집행부를 맡았는데, 제대로 하는 것 없이 시간을 보냈습니다. 얼마 전 행사 하나를 맡아서 열었지만, 예전처럼 많은 분이 오시지는 않았습니다. 제가 마음을 다하지 않아서 그럴 것입니다.

어제 회의는 다음 집행부를 어떻게 꾸려 나갈까 이야기하는 자리였습니다. 몇 백 명이 넘는 큰 단체지만 네댓 명이 모여서 이야기를 나누곤 했습니다. 회의가 끝나고 나면 지회장과 사무국장, 총무가 일을 도맡아서 했지요. 한때는 우리 지회도 사람이 많아서 집행부만 스무 명 가까이 되었습니다. 사무실에는 거의 매일 모임이 있었고, 강연회 같은 것이 열리면 백 명씩 모일 때도 있었지요. 매달 소식지를 발간했고, 무슨 일이 있으면 교육장한테 가서 점거할 거라고 을러대기도 했습니다.

사람이 많아서 이야기도 넘쳤습니다. 학급 이야기, 학교 이야기, 살아가는 이야기로 밤새 술잔을 기울이곤 했습니다. 힘에 부쳤지만 함께하는 이들이 있어서 외롭지 않았습니다.

지회장인 후배는 발령을 받고 나서부터 줄곧 지회 집행부를 했습니다. 햇수로 15년도 넘을 것입니다. 전교조 지회가 어떻게 달라져 왔는지 줄곧 지켜봤겠지요. 한결같이 바쁘게 살아왔으니 지회장을 그만두고 나면 좀 쉬어야 할지도 모릅니다. 그러면 좋겠다고 생각했지요.

어제 회의에서 누군가 저더러 지회장을 하면 어떻겠냐고 물었는데,

안 된다고 한발 물러섰습니다. 제가 감당할 수 있는 몫이 아니라 생각을 했습니다. 하고 싶은 일이 따로 있어서 그랬을지도 모릅니다. 그게 뭘까 생각을 했지요.

십 년도 더 된 이야기입니다. 그때 저는 전교조가 하나의 생각과 행동으로 간다고 뭐라고 그랬습니다. 처음에는 여러 가지 생각이 있었지만, 한번 정해지고 나면 따를 수밖에 없는 구조였습니다. 본부에서 명령을 내리면 지부가, 지회가, 분회 조합원이 움직이는 구조였습니다. 하나로 모아야 할 생각이 너무 많아서 늘 제대로 이야기 나누지 못한 채 지침이라는 것이 정해졌습니다.

처음에는 뭔지 잘 몰라도 본부에서 결정을 하면 그런가 보다 따라서 집회를 나가기도 했지요. 점점 시들해졌습니다. 거기는 많은 사람이 모였지만 정작 저 자신이 없었던 것 같습니다. 가끔씩은 누가 저들에게 그런 힘을 주었나 싶을 때가 있었습니다. 그러다가도 다들 힘든 세월을 견뎌 내고 있다는 생각에 안쓰러웠습니다.

본부가, 또 지부가 저만치 앞으로 달려갈 동안 제때 따라가지 못한 지회와 분회, 조합원 들은 뒤처졌습니다. 더러는 조합원에서 빠지기도 했지요. 분회원이 없는 학교가 생기더니 지회장이 없는 지회도 생겨났습니다. 그러거나 말거나 전교조는, 본부는 열심히 싸우고 있고 위원장을 할 사람은 넘쳐났습니다.

술자리만 있으면 그런 이야기를 하면서 답답하다고 말했지요. 누군가 저에게 그랬습니다. 다른 사람들 뭐라고 할 것 없다, 나 혼자 똑바로 살기도 어려운데 누구더러 똑바로 살아라 이야기하나, 뭐 그런 이야기였습니다.

전교조 지회 일을 그만두고 국어모임 일을 시작했습니다. 연수를 열고, 회지를 발간하고, 온 나라를 떠돌며 이야기를 나누었습니다. 그러다가 2년 전에는 회장이 되었습니다.

어젯밤 곰곰이 생각해 보니 제가 가고 싶은 다른 길이나 대단한 뜻이 있는 것은 아니었습니다. 저는 그저 누군가 시키는 대로 하기 싫은 것뿐이었습니다. 함께하면 서로 힘이 되고 서로 따돌리지 않는 곳에 머물고 싶었던 것 같습니다. 전교조를 처음 시작한 것도 그런 마음 때문이었을 겁니다.

어제 지회장을 하면 어떻겠냐고 물었을 때, 그때 생각이 떠올랐을지도 모릅니다. 잘 알지도 못하면서 따라가기 싫었겠지요. 본부 지침이라며 선생님들께 알리는 것도 싫었을 겁니다.

지침이란 것은 그렇습니다. 따르는 것이지요. 교육부도 무슨무슨 지침이라며 따르라고 합니다. 교감 선생님은 그 지침을 보여 주며 그대로 하면 좋겠다고 했지요. 저는 그때마다 고개를 저을 때가 많았습니다. 전교조에서도 지침을 내려보냅니다. 서로 닮았습니다. 글을 쓰다 보니 노조에 안 좋은 이야기만 합니다. 하기 싫으면 저만 빠지면 되지…. 저도 똑바로 못 살면서 남 탓만 합니다.

지난주에는 우리 교실에 물골안 기관장들이 모였습니다. 면장님, 파출소장님, 면대장님, 농협 전무님, 노인회장님 같은 분이 오셨습니다. 우리 반에서 만든 물골안 이야기책 발간을 축하해 주러 오셨지요. 제가 부른 건 아니고 노인회 사무장님이 연락을 돌렸습니다.

그 일 때문에 교장 선생님과 저 사이에 안 좋은 소리가 오갔지요. 교장 선생님은 기관장들이 오시니 의전이 필요하겠다고 말했습니다. 저는 조그만 동네에서 의전은 무슨 의전이냐고 따져 물었습니다. 교장 선생님은 도와주려 했다며 마음이 급해서 그랬다고 했지만, 저는 마음이 급할수록 본심이 나온다고 했습니다. 쉽게 마음이 풀리지 않았습니다.

누군가 그러더군요. 사람들 삶이 다 다른데 어떻게 같은 생각을 하냐고요. 한 학교에서 같이 사는 사람이라고 생각하면 뜻이 달라도 서로 맞춰서 살아갈 수 있지 않냐 했지요. 퍼뜩 정신이 돌아왔습니다. 남 탓만 하고 있었던 겁니다. 나도 똑바로 살기 어려운데 남들보고 똑바로 살아라 말했습니다. 부끄러운 일입니다.

지난 주말에는 광장에 나갔습니다. 백만 명이나 모인다는데 머릿수라도 채워야겠다고 마음먹었지요. 사람이 너무 많아서 이리저리 떠돌다가 무대 한번 가까이 가 보지 못하고 돌아왔습니다. 대통령더러 물러나라고 외치는데 대통령은 아직 물러날 생각이 없습니다. 제 잘못이 아니라고 남 탓만 합니다. 대통령과 내가 다른 것이 뭔가 생각합니다.

별로 없습니다. 대통령은 권력을 가졌고, 나는 없는 것뿐이지요. 내가 대통령을 닮았는지, 대통령이 나를 닮았는지 모릅니다. 우리는 나쁜 것이 닮았고, 나부터 그러지 말아야 할 것 같습니다. 그래야 서로 달라질 수 있습니다.

2016년 11월 15일

마음을 다하지 못했습니다

"마음을 다했다면 저절로 눈물이 나겠지요.

저는 그러지 못할 것 같습니다.

그렇게 생각하니 마음이 텅 빈 것 같습니다."

지난주에는 평택에 다녀왔습니다. 아이들 이야기를 한참 하고 나서 돌아가며 이야기를 나누는데 한 선생님이 눈물을 흘렸습니다. 처음에는 목소리만 떨리다가 울음이 되었습니다. 모두 가만히 이야기를 들었습니다. 선생님은 직업으로서만 교사가 되고 싶었다고 했지요. 올해는 힘든 일도 많았다고 했습니다. 연수가 끝나고 돌아올 때까지 울고 계셔서 마음이 아팠습니다.

집으로 돌아왔습니다. 도착하니까 밤 11시가 넘었지요. 자려고 누웠는데 그 선생님 생각이 났습니다. 따뜻한 말 한마디 건네지 못한 것이 안타까웠습니다.

혼자만 울어서 그 선생님이 외로웠겠다고, 돌아와서야 깨닫습니다.

사실은 나도 울고 싶을 때가 많았는데 눈물이 말랐는지 나오지 않습니다. 마음을 다해서 애쓰지 않으니 억울한 일도, 속상한 일도 없을지 모릅니다. 예전에는 그렇지 않았던 것 같습니다.

고등학교 때 자주 가던 튀김집이 있습니다. 오늘같이 찬바람 불고 출출한 날이면 독서 모임 동무들과 튀김집 다락에 올라가서 막걸리를 마셨습니다. 킬킬거리며 아무 이야기나 막 내뱉다가도 누가 이야기를 시키면 울음부터 나올 때가 있었습니다. 왜 가냐고 말 한마디 제대로 못 한 첫사랑 이야기를 할 때나 먼저 간 엄마 이야기를 할 때, 손자들 키우느라 등골 빠지는 할머니 생각이 날 때는 울음부터 나왔습니다. 그땐 울음이 많았나 봅니다.

함께 울어 주는 동무들이 있어서 외롭지 않았습니다. 그 동무들 덕분에 추위도 견딜 수 있었지요. 기름이 뚝뚝 떨어지던 튀김들 생각을 하면 눈물 같던 그때 내 모습이 떠오릅니다.

지금은 잘 울지 않습니다. 울음에 흔들리지 않는 어른이 되었지요. 대신 어제는 경수가 두 번이나 울었습니다. 제가 야단을 치니까 웁니다. 나는 경수의 눈물에 흔들리지 않습니다.

경수더러 따라오라고 해서 물어봅니다.

"오늘 약 안 먹었니?"

하고 물으니 그렇다고 합니다. 아이들에게 가서 경수가 오늘 안 좋은 일이 있나 보다면서 웬만한 일은 참아 보라고 합니다. 아이들은 그런 줄 알고 참아 줍니다.

아이들에게 학교는 참는 곳입니다. 마음대로 하지 못합니다. 공부를 시작하려고 공책 꺼내라고 하면 한숨부터 쉬는 아이도 있습니다. 하도 듣기 싫어서, 그럼 뭐 하고 싶냐고 버럭 소리를 지릅니다. 아이는 아무것도 아니라고 합니다. 소리를 지르는데 뭐라고 할 수 없을 것입니다.

쉬는 시간이 있어서 견딥니다. 가끔 저는 쉬는 시간에도 나가지 못하게 합니다. 공부 시간에 다 하지 못하면 모두 끝내고 나가라고 합니다. 그걸 다 하고 나면 나갈 수 없다는 걸 아이도, 저도 압니다. 쉬는 시간 동안 꼬박 해도 다 못 할 것입니다. 아이는 참습니다. 제대로 하지 않고 건성으로 하면서도 참습니다.

저는 아침마다 아이들 일기를 읽습니다. 아이들은 선생님이 멸치에 고추장을 찍어 주니까 먹고 싶어서 써 옵니다. 남의 사생활을 훔쳐보는 재미가 좋습니다. 선생님은 학생들 사생활을 봐도 교도소 안 간다면서 막 자랑합니다.

어제 아침, 아이들 일기를 읽다가 어떤 아이가 쓴 말 때문에 마음이 좋지 않습니다. 주말을 다 보내고 학교에 온다고 썼습니다. "이제 지옥으로 간다."라고 쓴 말이 눈에 들어옵니다.

저는 진짜 안됐다고, 불쌍하다면서 놀립니다. 우리 어른들은 마음대로 쉴 수 있는데 아이들은 그러지 못해서 어떻게 하냐고 말합니다. 아이들은 약 올라 죽겠다는 표정입니다.

지나고 나면 내가 참 한심합니다. 학교 오는 길이 즐거운, 그런 학교가 있으면 좋겠다고 생각했습니다. 학교에 가면 동무들이 있고, 동무 같은 선생님이 있어서 힘들 때 기댈 수 있으면 좋겠다고 생각하며 살았지요. 그런데 아이는 일기장에 지옥에 간다고 썼습니다.

저는 마음을 다하지 않았습니다. 애를 쓰지도 않았지요. 그러니 눈물이 나지 않습니다. 그런 날들을 보냅니다.

어제는 양평으로 갔습니다. 마을 교육 과정 이야기를 들으러 갔습니다. 김영주 선생님이 한 말이 생각납니다. 공간으로의 마을이 아니라 마음속 마을을 기억한다고 했습니다. 놀았던 이야기도 했습니다. 저도 어릴 적 그때가 생각났습니다.

아이들에게 학교는 노는 곳이 아닙니다. 무서운 선생님이 있고, 동무들과 놀 수 있는 시간은 정해져 있습니다. 아이의 동무가 되겠다던 선생님은 이제 어디에도 없습니다. 우리 교실 이야기입니다.

11월도 절반을 넘겼습니다. 오늘은 찬바람이 붑니다. 앞으로는 더 차가운 바람이 불어올 것입니다. 겨울이 깊어지겠지요. 그러면 아이들과 헤어집니다. 그때 그 선생님처럼 누군가는 아이들이 떠나간 교실에 혼자 앉아 울고 있을지도 모릅니다. 마음을 다했다면 저절로 눈물이 나겠지요. 저는 그러지 못할 것 같습니다. 그렇게 생각하니 마음이 텅 빈 것 같습니다.

2016년 11월 22일

덧붙이는 말

편지를 쓰다 보면 마음이 허전해질 때가 많습니다. 참기가 힘듭니다. 좋은 이야기만 쓰면 좋겠는데 좋은 이야기가 잘 나오지 않습니다. 자꾸 내 속을 들여다보게 됩니다. 내 속에는 좋은 이야기가 많은 것 같았는데 가만히 들여다보면 그렇지 않습니다. 그 이야기를 꺼내기가 힘이 듭니다.

이제 그만 써야 하지 않을까 생각을 합니다. 다음 주가 되면 이제 그만 써야겠다고 생각합니다. 늘 그런 생각을 했지만, 이제는 그렇게 하겠다고 편지에 씁니다. 이렇게라도 해야 그만두게 될 것 같습니다. 마지막 편지는 '마지막'이라는 제목으로 쓰겠습니다.

마지막 편지입니다

"삶은 앞으로 나아가는 것입니다. 되돌아가지 못하지요.
그렇지만 사람은 삶을 되돌아봅니다. 되돌아본 그 힘으로
다시 길을 갈 수 있지요. 어쩌다 여기까지 왔는지
생각하다 보면 돌아볼 수밖에 없습니다."

사나흘은 춥고, 사나흘은 날이 풀립니다. 집 앞 참나무는 이파리를 떨구더니 마른 잎 몇 개만 바람에 흔들립니다. 끝까지 남은 잎들은 이 겨울을 넘길지도 모릅니다. 그러다 봄이 오면 새잎에 밀려 떨어지겠지요. 봄은 아직 멀고, 겨울이 막 시작되었습니다. 그런 날입니다.

저는 교실에 앉아 선생님들께 보내는 마지막 편지를 씁니다. 어쩌다 편지를 쓰게 되었는지 아득합니다. 봄, 여름, 가을, 겨울, 또다시 봄…. 그러다가 다시 겨울이 되었습니다.

처음에는 이런저런 소식을 알리려 했습니다. 그러다가 우리 반 아이들 이야기도 하고, 어렸을 적 이야기도 했지요. 조금씩 마음에 있는 이야기를 꺼내게 되었습니다. 저절로 그렇게 되었지요.

편지를 쓸 때는 늘 혼자였습니다. 혼자 있으니 손이 가는 대로 글을 씁니다. 누군가 우두커니 지켜보지 않았으니까요. 다른 사람 이야기를 하다가 엉뚱하게 마음속 이야기를 하고 있을 때가 많았습니다. 이래도 되나 싶었습니다.

편지를 보내고 나면 선생님들이 답을 주었습니다. 저와 같은 마음이라고 해 주어서 고마웠습니다. 용기가 났던 것 같습니다. 편지는 자꾸만 길어졌습니다. 아무에게도 하지 않던 이야기를 할 때도 있었지요. 잊고 있던 어릴 적 이야기를 하고 나면 그럴 때가 있었구나, 헤어나오지 못하기도 했습니다. 그런 날은 한참 동안 쓸쓸해져서 일손을 놓기도 했지요.

삶은 앞으로 나아가는 것입니다. 되돌아가지 못하지요. 그렇지만 사람은 삶을 되돌아봅니다. 되돌아본 그 힘으로 다시 길을 갈 수 있지요. 어쩌다 여기까지 왔는지 생각하다 보면 돌아볼 수밖에 없습니다. 하지만 저는 오랫동안 돌아보지 않았습니다. 옆도 쳐다보지 않았습니다. 길을 갈 뿐이었지요. 가다가 막히면 싸울 때가 많았습니다. 막막한 싸움이 되풀이되곤 했습니다.

동무가 많지 않았습니다. 나누려 하지 않았으니까요. 되돌아보지 않으니 나눌 것도 없었습니다. 외로웠지만 여태 여기까지 왔습니다. 어렸을 때도 속에 있는 이야기를 잘 하지 않았습니다. 묻는 동무들도 별로 없었지요. 동무들과는 놀기 바빴습니다. 왜 우리 집에는 할머니, 할아버지만 있고 엄마가 없는지 아무도 묻지 않았습니다. 저도 이야기를 하지 않았지요. 뻔한 이야기라서 묻지 않았을 것 같습니다.

초등학교 졸업식에는 아무도 오지 않았습니다. 대학 시험 치고 집에서 놀고 있던 큰누나가 졸업식 끝나고 나서 왔습니다. 꽃 한 다발을 들고 찍은 사진이 남았습니다. 그러려니 했지요. 그런 아이들이 나 말고도 많았으니까요. 중학교 졸업식 때도 그랬습니다. 그때는 진짜 아무도 오지 않았습니다. 형제가 많은 집이어서 그랬을 겁니다.

엄마가 있었다면 좋을 것 같다는 생각을 할 때도 있었습니다. 4학년 때는 나만 새엄마에게 놔두고 형과 누나들이 모두 할머니께 살러 갔습니다. 혼자 버려졌다는 생각을 했습니다. 새벽마다 깨어서 울 때가 있었습니다. 엄마가 보고 싶었습니다. 견디는 수밖에 없었습니다.

우리 반에도 그런 아이가 있습니다. 저는 그 아이의 마음을 헤아리지 못합니다. 이제 나는 어른이 되었으니까요. 우리 반 그 아이가 그때 새벽마다 깨어 울던 나라는 것을 알지 못했습니다. 되돌아보지 않으니 알 수가 없습니다.

어제는 아이의 할머니와 통화를 했습니다. 자꾸만 바닥에 떨어진 것을 주워 먹는데 어떻게 하면 좋겠냐고 했습니다. 할머니는 떠나간 아이 엄마 이야기를 합니다. 버려져서 상처가 크다고 합니다. 저는 건성으로 듣습니다. 그 아이가 '나'라는 생각을 하지 못합니다.

오늘 편지를 쓰려고 되돌아보다 아이가 생각났습니다. 이렇게 쓰다 보니 아이와 내가 한 줄기로 이어집니다. 그랬구나, 고개를 끄덕입니다. 아이에게 따뜻한 말을 해 주고 싶습니다. 늦었지만 그래야 할 것 같습니다.

고등학생 때 동무들과 술을 먹다가 잔뜩 취해서는 고백을 했습니다. 사실은 엄마가 없다고, 그래서 아팠다고 했습니다. 놀라서 위로해 줄 줄 알았는데 동무들은 저희 이야기를 하느라 듣지도 않습니다. 우습습니다. 별것 아니었구나! 그제야 깨닫습니다. 별것 아닌 것을 속에 묶어 두고 살았다는 걸 알았지요. 훌훌 털어 버립니다. 그러고 저는 어른이 되었습니다.

어른이 되고 나서는 살기가 바빴습니다. 만나는 사람들도 좁아지고, 이야기 나눌 시간도 많지 않았습니다. 지금 살아가는 이야기를 할 시간도 없으니, 예전에 살았던 이야기는 꺼내지도 못합니다. 되돌아볼 일이 없어졌지요. 외롭지만 불편하지 않았습니다.

그러다가 편지를 쓰게 되었습니다. 사는 이야기를 하자 했지만 어쩌다 보니 자꾸 살아온 이야기를 하게 되었습니다. 오래된 이야기를 했는데 지금 사는 이야기가 되곤 했습니다. 멀리 떨어진 이야기를 했는데 여기 우리 반 이야기가 될 때도 있었지요.

지난 2년을 그런 이야기를 하느라 보내었습니다. 행복할 때도 있었고 부끄러울 때도 있었습니다. 웃길 때도 있었고 쓸쓸할 때도 있었지요. 편지를 쓰고 난 뒤에는 마음이 텅 빈 것처럼 느낄 때도 많았습니다.

그랬던 편지를 마지막으로 보냅니다. 이제는 되돌아볼 일이 없을까 봐 걱정이 되기도 합니다. 선생님들과 나누지 못하게 될 것 같기도 합니다. 잘 읽었다는 답장도 없을 것이고, 힘내라는 응원도 사라지겠지요. 외로워질지 모릅니다.

지난 2년 동안 편지 읽어 주신 선생님들께 고맙다는 말씀 전합니다. 따로 방을 만들어서 제 편지를 모아 두었다는 선생님께도 인사드립니

270

다. 깜짝 놀랐습니다. 제가 자전거를 탈 때 함께 달려 주신 강원도 선생님도 고맙습니다. 바쁜데 글자 틀려 가며 급한 답장 써 주신 경남 선생님도 반가웠습니다. 긴 편지에 아이들 이야기 들려주신 경기도 선생님도 잊지 못할 것 같습니다. 또한 울산, 전남, 충청도, 제주도 선생님까지 모두모두 고맙습니다. 그러고 보니 답이 오지 않은 시도가 없네요. 온 나라에서 응원을 받으며 살았는데 아쉽고 허전합니다.

　이만 줄입니다.

2016년 11월 29일

덧붙이는 말

지난주에 편지를 보내고 나서 여러 통 답을 받았습니다. 마지막이 아니면 좋겠다는 분이 계셨는데, 고마웠습니다.

　마지막으로 시 한 편 보내 드립니다. 어른이 될 무렵 쓴 시입니다. 어린 시절 그때, 아프던 때로 돌아가고 싶지 않았습니다. 잊고 싶었지요. 제목은 '결별'입니다.

　결별

　1

　인내 없이 철야에 임하는 즐거운 겨울나무에게 이제 나는 결별을

271

말해야 하겠다 오래된 사무침이 고단한 회색 머리칼에 풀어지고 눈 오는 밤 소리 없이 구겨지던 아버지의 낡은 원고지 어깨너머로 끝내 연대할 수 없었던 어린 나에 관하여 까마득히 그리워하였으나 그리움이란 늘상 추위를 견디는 데 용이하지 않아 이제야 나는 결별을 작심한다 서둘러 떠나야지 돌아보지 말고 허튼 눈물 떨구지도 말고 버거운 짐 들어 주듯 즐거운 겨울나무에게 어색한 눈짓 보내지 말고

2

가끔씩은 배가 고팠던 것일까 수제비처럼 뭉쳐지던 누이의 얼굴 드문드문 시퍼런 멍울들 계모의 서슬 시퍼런 겨울이었으나 언제든지 따뜻한 바람막이가 되어 주지는 못하셨다 아버지를 이해해야 한다 할머니는 병아리색 손자들 머리카락을 쓸어 주며 말씀하셨다 일찍 땅 위에 나온 두더지 한 마리가 얼어 죽은 날 아침 형과 누이는 전학 수속을 끝내었다 우리는 다시 돌아오지 않을 거야 형의 말대로 그곳을 떠난 나도 다시는 돌아가지 못하였다

3

길은 어디에서나 그물코처럼 엇갈리고 만나야 할 자리엔 언제나 서 있었다 겨울나무, 기다란 꼭대기에선 어미새가 게워 놓은 찌꺼기를 열심히 받아먹는 새끼 새, 밤이 새도록 그 칼바람을 어찌 견딜 수 있었는지 습관처럼 문득 바람이란 떠나려 가지 끝을 서성이고 이름

불리지 않아도 기다림 없이 추운 겨울밤 즐거운 겨울나무에게 서둘러 떠나야지 결별을 고해야지 어설픈 행복이 엄습하기 전에

아이들의 삶을 가꾸고 북돋우는 살아 있는 교육 이야기

아이들 삶에서 꽃이 핍니다

지은이 | 김강수

1판 1쇄 발행일 2018년 1월 22일

발행인 | 김학원
편집주간 | 정미영
기획·편집 | 박민영
디자인 | 김태형 유주현 구현석 박인규 한예슬
마케팅 | 이한주 김창규 김한밀 윤민영 김규빈 송희진
저자·독자서비스 | 조다영 윤경희 이현주(humanist@humanistbooks.com)
용지 | 화인페이퍼
인쇄 | 삼조인쇄
제본 | 정민문화사

발행처 | 휴먼어린이
출판등록 | 제313-2006-000161호(2006년 7월 31일)
주소 | (03991) 서울시 마포구 동교로23길 76(연남동)
전화 | 02-335-4422 팩스 | 02-334-3427
홈페이지 | www.humanistbooks.com

ⓒ 김강수, 2018
ISBN 978-89-6591-346-7 03370

만든 사람들

기획 | 정미영(jmy2001@humanistbooks.com)
편집 | 정은미 박민영
디자인 | 민진기디자인
조판 | 홍영사